公共图书馆信息资源建设规范研究

金胜勇　刘　雁　著

河北大学“双一流”建设项目　资助

科学出版社
北　京

内 容 简 介

本书全面分析公共图书馆信息资源建设现状和相关规范研究现状；从理论建设和具体内容两方面，对公共图书馆信息资源建设规范进行深入系统的探讨和研究，并开拓性地制定出《公共图书馆信息资源建设规范（草案）》文本。本书对于完善和发展信息资源建设理论体系，指导和规范公共图书馆信息资源建设工作，推动和促进我国图书馆相关法律法规的建设，均具有重大意义。

本书可为公共文化管理部门制定相关行业标准提供重要借鉴，为公共图书馆信息资源建设实践提供科学指导，同时也可为图书馆工作的研究者、学习者和从业者开展科学研究提供宝贵借鉴。

图书在版编目（CIP）数据

公共图书馆信息资源建设规范研究 /金胜勇，刘雁著. —北京：科学出版社，2017.12

ISBN 978-7-03-054943-3

Ⅰ. ①公… Ⅱ. ①金… ②刘… Ⅲ. ①公共图书馆–信息管理–规范
Ⅳ. ①G258.2–65

中国版本图书馆 CIP 数据核字（2017）第 259809 号

责任编辑：马　跃　方小丽 / 责任校对：杜子昂
责任印制：吴兆东 / 封面设计：无极书装

科学出版社出版
北京东黄城根北街 16 号
邮政编码：100717
http://www.sciencep.com

北京京华虎彩印刷有限公司 印刷

科学出版社发行　各地新华书店经销

*

2017 年 12 月第　一　版　开本：720×1000　B5
2017 年 12 月第一次印刷　印张：8 1/4
字数：167 000

定价：58.00 元

（如有印装质量问题，我社负责调换）

目　录

第1章 导 论

信息资源的建设和开发能力是图书馆的核心能力，是图书馆服务工作开展的基础与保障。在新的信息环境下，数字化、网络化、信息化给各级各类图书馆的信息资源建设工作带来了巨大的冲击，公共图书馆也不例外。公共图书馆信息资源建设的对象、内容、方式及手段等各个方面都发生着重大改变。信息资源的选择、采集、组织与管理、共建与共享等业务应该如何进行，成为公共图书馆建设面临的共同问题，信息资源建设工作的规范化也显得日益迫切。因此，有必要研究和制定公共图书馆信息资源建设规范，提高公共图书馆信息资源建设的质量。

1.1 建设规范的发展背景和研究意义

1.1.1 发展背景

公共图书馆的信息资源建设并不是一项简单的事务性工作，它与社会的政治、经济、科技、教育、文化等各个领域都存在着密切的联系，影响公共图书馆信息资源建设的因素也相当复杂，需要协调的关系很多。公共图书馆信息资源建设面临着许多新问题，建设的总体水平还普遍较低，而《公共图书馆服务规范》业已出台实施，这些情况都对本书的研究提出了迫切的要求。

（1）公共图书馆信息资源建设面临着许多新问题。

同科研系统图书馆和高校系统图书馆相比，公共图书馆的信息资源建设本来就存在着很多复杂的因素。科研系统图书馆和高校系统图书馆的信息资源建设目标相对明确——面向科学研究、教育教学、学科建设的信息服务或知识服务。对于公共图书馆而言，并非必须将信息服务作为首要功能，其保存人类文化遗产、开展社会教育、营造公共文化空间的职能同样甚至更加重要。因此，怎么围绕信息资源建设工作来实现公共图书馆的这些社会功能，就成了公共图书馆建设中一个非常关键的问题。

更加需要关注的是，随着社会经济和科学技术的发展，新理念、新应用、新技术给公共图书馆的信息资源建设工作带来了巨大的冲击。如何对待信息资源建设在公共图书馆发展中的地位和作用，如何开展信息资源建设工作，各级公共图书馆的信息资源要建设到什么程度，信息资源建设如何在保证规范化的同时突出地方特色，信息资源建设工作同图书馆服务工作如何衔接，各馆之间如何在知识产权制度的框架内充分利用数字技术和网络技术进行资源的共建共享，等等问题都越发凸现。

（2）公共图书馆信息资源建设总体水平较低。

信息资源是图书馆的核心要素，信息资源的建设水平在很大程度上决定着图书馆的建设水平。目前，在我国图书馆的三大系统当中，公共图书馆的事业规模是最大的，但如果以服务面积或服务人口等相对指标而言，同科研系统图书馆和高校系统图书馆相比，我国公共图书馆的信息资源建设水平是最低的。一方面，公共图书馆整体建设水平受到各地区社会和经济发展水平的影响：经济发达地区如珠江三角洲地区、长江三角洲地区的公共图书馆整体建设水平相对较高，而经济欠发达地区如广大的内陆，特别是西部地区的公共图书馆整体建设水平则相对落后。另一方面，在各地的公共图书馆建设中，存在着注重馆舍和设施建设，而轻视资源建设的情况。评价一个地区或一个具体的公共图书馆建设水平，人们往往从图书馆的建筑、空间环境、硬件设施等角度进行评价，而忽略对其资源总量和资源构成质量的评价。在这种情况下，公共图书馆的信息资源建设往往成为“有钱多办事，没钱少办事”的一项工作。公共图书馆的管理者也往往把资源建设方面存在的问题简单地归因于经费不足，忽视了建设者的主观性、能动性对公共图书馆信息资源建设“科学性”的诉求。

（3）《公共图书馆服务规范》的制定和实施。

“藏”与“用”的矛盾，既是图书馆工作中最核心的问题之一，也是推动图书馆工作的主要动力。这对矛盾关系的本质，实际上就是“建设”与“服务”的关系。随着对图书馆价值的探寻，服务作为图书馆特别是公共图书馆在制度层面上的最核心的价值，已经得到全社会的认可。公共图书馆也把践行这一核心价值作为事业的目标和追求，并把服务作为各项工作中的重中之重。在这种理念的影响和实践的要求下，《公共图书馆服务规范》正式颁布实施，成为各种类型图书馆事业的发展中具有深远影响的事件。

《公共图书馆服务规范》的内容十分具体也比较全面（具体内容将在后文分析），在“服务资源”条款中，涉及较多的信息资源建设的内容。然而，作为公共图书馆工作的核心内容之一，同时也是公共图书馆服务工作的基础，公共图书馆信息资源建设的研究不应该也不能够仅仅在《公共图书馆服务规范》中有所体现，这不符合“建设”与“服务”相并列的逻辑关系，同时也无法反映资源建设在公共图书馆工作和事业发展中的基础性地位。

1.1.2 研究意义

基于以上研究背景，本书旨在探讨公共图书馆信息资源建设规范的建设现状、理论基础、框架结构和具体内容，为公共图书馆信息资源建设规范的实际制定奠定基础，为提高公共图书馆信息资源建设的科学性、标准化和工作效率创造条件。

（1）完善和发展信息资源建设理论体系。

本书将涉及公共图书馆信息资源的选择、采集、组织、布局和典藏、共建共享及人员、设备、经费的管理等所有与广义信息资源建设主题相关的内容。本书虽然只涉及公共图书馆领域的信息资源建设，但对其他系统图书馆信息资源建设理论和实践的发展也会起到积极的推动作用，研究成果将进一步丰富信息资源建设理论体系。

（2）对公共图书馆信息资源建设工作起规范和指导作用。

标准化是当前图书馆事业建设和工作开展的一个重要趋势。而标准化的内涵一方面是关于一种客观状况的描述，另一方面则是对于行为过程的规定和约束。本书就公共图书馆信息资源建设所制定的规范和标准，一方面可以避免公共图书馆工作中的诸多盲目现象，如馆藏资源盲目追求数量，建筑盲目追求空间，人员盲目追求学历，等等；另一方面也可以使公共图书馆信息资源建设工作更加科学、合理，建设过程更加规范、高效。

（3）促进我国图书馆方面相关法律法规的建设。

阻碍和困扰我国图书馆建设事业的一大因素是图书馆法律法规体系的不健全。本书预期形成有关公共图书馆信息资源建设需要达到的标准等研究成果，如各级公共图书馆的资源数量和质量等内容，虽然不属于图书馆法律法规的范畴，但必将对建立健全我国图书馆法律法规体系起到积极的促进作用。

1.2 国内外建设规范的发展状况

国内外关于公共图书馆信息资源建设规范指向明确的专门研究尚未得见。国外以英美等国为代表的相关研究，多集中于馆藏发展政策等方面，而国内则多见于“图书馆立法”或公共图书馆其他标准或规范的研究。

1.2.1 国外发展现状

（1）国外图书馆信息资源的建设现状。

为了详尽地获知国外关于信息资源建设规范的研究现状，笔者以“information resources standard”“information resources development”为关键词，分别在 Elsevier、Wiley、DOAJ、Emerald 等外文数据库查找相关文献，但检索结果显示，国外直接研究信息资源建设规范的论文几乎没有。笔者又将“library”“standard”“information resource”“development”等词进行组配再次检索，发现相关研究主要集中在公共图书馆规范、公共图书馆立法和信息资源建设三个方面。

（2）国外关于公共图书馆标准规范、立法和信息资源建设政策的文献研究现状。

其中关于公共图书馆标准主要有以下几篇：纽约公共图书馆的 Peters 在其“General Library Standards”①一文中，主要以图书馆员的角度分析了图书馆标准建立的重要性，认为建立图书馆标准可以使图书馆员更有效地组织和收集资源，为用户提供更好的服务。美国印第安纳州大学的 Cha 和 Pungitore 在图书情报学研究期刊上发表的“Compliance with Public Library Standards in the State of Ohio”②主要探讨的是能否制定出适用于各种类型、不同规模的公共图书馆的标准。

研究各国图书馆立法的文章较多，“Library Legislation in Europe：Political Instrument to Shape the Library Sector”③中，提到了《国家立法和政策中公共图书馆目标可见性》这一报告，指出政策和立法应该保障图书馆很好地进行组织，广泛开展合作，提供足够的资金开展新的服务，更好地满足用户需求。还有很多文章研究的是图书馆法的修正，如 Library Act④介绍了北爱尔兰分别于 2008 年、2010 年颁布的《北爱尔兰图书馆法》和《犹他州图书馆法》的修正内容，后者主要从联邦图书馆的职能、构成、资金、服务提供等角度展开，并且还提出了有可能进一步修正的条款。Fry 的“LSA and LSCA，1956~1973：a legislative history”⑤讲了美国国会图书馆将《图书馆服务法》修改为《图书馆服务与建设法》的原因及修改项目，修改主要集中在图书馆经费方面，并指出该图书馆法又经多次修订和完善，具体内容包括新增馆际合作和州立图书馆服

① Peters P E. General library standards[J]. Book Research Quarterly，1988，4（3）：20-24.

② Cha M，Pungitore V L. Compliance with public library standards in the state of Ohio[J]. Library & Information Science Research，1998，20（1）：69-98.

③ Schleihagen B. Library legislation in Europe：political instrument to shape the library sector[EB/OL]. http://www. conference.bvoe.at/presentations/schleihagen.pdf，2010-09-15.

④ http://www.uk-legislation.hmso.gov.uk/legislation/northernireland/acts/acts2008/nia_20080008_en_1.

⑤ Fry J W. LSA and LSCA，1956-1973：a legislative history[J]. Library Trend，1975，（8）：7-26.

务（1966年）、加强自治行政体图书馆的建设（1970年）、增设老年读者专门服务（1973年）、图书馆重新定位作为信息资源中心建设（1984年）和批准实施《新图书馆服务改善法》（1989年）。The Danish National Library Authority[①]以丹麦图书馆法为例，阐述了图书馆法演变和发展主要依赖的原则：一是公众自由获取信息和自由评论信息是民主发展的基本要求；二是公众的人格发展与丰富依赖于知识和经验的自由获取。Patel和Kumar的“Libraries and Librarianship in India”[②]一文介绍了第一部印度公共图书馆法律，即在《马德拉斯公共图书馆法》颁布之前，印度出台过的一部法律，即1945年颁布的《科尔哈普公共图书馆法》，严格意义上讲，这才是印度公共图书馆立法发展史上的第一部法律，但这部法律在印度取得独立后就不复存在。

关于信息资源建设，国外的一些研究人员也对相关政策的制定、应用进行了研究与论述。例如，在图书馆数字资源发展政策方面，Vitiello在其论文“Library Policy and Legislation：A European Perspective”[③]中指出，欧盟采纳了一些指导图书馆数字信息资源建设的政策、报告，如《信息社会中的公共图书馆》《图书馆在现代社会中的角色》《欧洲图书馆、信息、文献、档案协会理事会关于欧洲图书馆立法和政策的指导方针》《欧洲委员会关于保护视听遗产的规定》等。信息安全方面，Relyea在其论文“Homeland Security and Information Sharing：Federal Policy Consideration”[④]中指出，“9·11”后，美国开始加强信息安全控制，实施严格的信息公开政策，并于2002年颁布了《电子政府法》《国土安全法案》等文件。信息资源共建共享方面，国外在稳步发展的同时也适时制定了新的政策。例如，Gondrand-Sordet和Emmanuelle在2006年发表的论文“The Setting up of an Area Information Policy：The Example of the Latin Quarter”[⑤]中提到，法国的高等教育部门在咨询了拉丁语地区的八个高校图书馆后，于2004年发布针对协调采购的《信息地图计划》。在技术支持政策方面，Fletcher和Westerback的论文“Catching a Ride on the NII：the

① The Danish National Library Authority[EB/OL]. http://www.statensnet.dk/pligtarkiv /fremvis.pl? vaerkid =39866 &reprid = 0&filid = 10&iarkiv = 1，2010-11-05.

② Patel J，Kumar K. Libraries and librarianship in India[EB/OL]. http://books.google.co.uk/books?id=KXVrsPSzeNAC&pg=PA82&lpg=PA82&dq=indian+library+legislation&source=bl&ots=eZnWFDcH3k&sig=ndpKV5bjlUOGrR4p--bd00ZQnNo&hl=en&ei=hlC0TL71B9KL4Qbny-WgDQ&sa=X&oi=book_result&ct=result&resnum=1&ved=0CBoQ6AEwADgU#v=onepage&q=indian%20library%20legislation&f=false，2010-10-14.

③ Vitiello G. Library policy and legislation：a European perspective[J]. The International Information & Library Review，2000，32（1）：1-38.

④ Relyea H C. Homeland security and information sharing：federal policy consideration[J]. Government Information Quarterly，2004，（4）：420-438.

⑤ Gondrand-Sordet E. The setting up of an area information policy：the example of the Latin Quarter[J]. Bulletin des Bibliotheques de France，2006，51（1）：74-80.

Federal Vehicles Paving the Information Highway"[①]中提到，美国1995年的《文书削减法》、1996年的《克林格-考恩法》（由《联邦采购改革法》和《信息技术管理改革法》组成）和《13011号行政命令：联邦信息技术管理》、1998年的《政府文书销毁法》等政策加强了对信息技术的管理及其在政府信息资源管理中的应用。

（3）研究述评。

国外在信息资源建设规范方面的研究还没有形成一定的规模，但公共图书馆的标准规范研究和公共图书馆立法研究起步较早，发展比较健全，体系比较完整，内容比较全面、详细，其发展有着相应图书馆法的保障，适用性和可操作性强；其技术标准已经研究成熟从而上升为国际标准或国家标准；其非技术标准不仅有全国统一的图书馆法及公共图书馆标准，而且各州还有各自的地方标准，一般分为最低标准和等级标准两种类型，首先满足读者的基本需求，再鼓励各图书馆向更高级的服务方向发展。国外的公共图书馆服务标准内容主要包括物理设施、馆藏、用户服务、信息技术、人力资源、特殊人群服务等。其中关于信息资源建设的研究主要涉及馆藏问题，包括对馆藏的要求。但总体而言，迄今为止，仍难见完整且独立的"公共图书馆信息资源建设规范"文本。

1.2.2 国内发展现状

1）我国公共图书馆标准规范的建设现状

笔者在万方标准数据库中以"图书馆"为主题，发布单位限定为中国进行搜索，共搜索出标准35条。我国图书馆方面的标准主要由全国信息与文献标准化技术委员会负责，很多相关标准规范的名称含有信息与文献，因此笔者再以"信息与文献"为主题，发布单位限定为中国，搜索出相关标准规范22条，其中7条与之前搜索的标准规范重复，因此我国图书馆相关标准规范共50个，其中专门针对公共图书馆进行规范的标准有5种，分别是《公共图书馆服务规范》《公共图书馆建设标准》《公共图书馆建设用地指标》《公共图书馆建筑防火安全技术标准》及历次公共图书馆评估定级标准，其他标准规范也适用于公共图书馆。上述所有标准规范的内容主要包含传统图书馆技术（分类标引、编目、古籍修复等）、数字图书馆技术［元数据（metadata）、检索、长期保存等］、建筑与设备（建筑设计、卫生、图书用品等）、服务与管理等方面，人员标准和馆藏标准包含在服务标准当中，目前没有单独的人员与馆藏方面的标准。总之，我国的公共图书馆标准规范体系建设内容基本覆盖全面，但仍有需要完善的地方，不足之

① Fletcher P D，Westerback L K. Catching a ride on the NII：the federal vehicles paving the information highway[J]. Journal of the Association for Information Science & Technology，1999，50（4）：299-304.

处主要有两点：一是数字图书馆技术标准相对国外较少，体系不够成熟；二是非技术类里面的服务规范包含的范围过广而且内容不够详细，笔者认为馆藏和人员是图书馆的重要构成要素，应该有单独的标准对这两方面做详细的规定，以增加标准的可操作性。

2）我国公共图书馆标准规范的文献研究现状

笔者在 CNKI（中国知网）跨库搜索中把检索项限定为“题名”，时间为 1979~2013 年，以“公共图书馆”和“标准”进行搜索，共检索出 91 篇文献；以“公共图书馆”和“规范”进行检索，共有 39 条相关文献；再以“数字图书馆”和“标准”进行搜索，共检索出 98 篇文献。除去其中检索结果相同的一些文献，总计有 200 多篇。这些文献大多是从某一个标准或者某一类标准的角度出发进行研究，其中从图书馆标准规范体系的角度进行研究的只有朱辰寤的《图书馆标准规范体系的研究》①、王秀香等的《我国基层图书馆标准规范体系构建》②、王平的《图书馆标准化工作探讨》③等 6 篇文章。我国对公共图书馆标准规范的研究大致分为三类：第一类是翻译介绍国外公共图书馆的标准，总结其特点及优点，寻求启示，如宋运郊的《美国公共图书馆系统的最低标准》④、周玉红的《英国公共图书馆服务标准调整及其启示》⑤等；第二类是介绍我国公共图书馆相关标准，并总结其优缺点，如周进良和刘志大的《〈公共图书馆建设标准〉解读》⑥、沈光亮的《〈公共图书馆服务规范〉的内容重点、亮点与不足》⑦等；第三类是研究制定我国的图书馆标准规范，为我国图书馆标准规范的建设做基础实验工作，尤其是数字图书馆这方面最为明显，如富平的《国家数字图书馆标准规范建设》⑧、申晓娟等的《〈数字图书馆资源建设指南〉解读》⑨等。

需要特别指出的是，作为我国公共图书馆立法支撑研究的一个组成部分，肖希明等所开展的“我国公共图书馆文献资源建设法律保障研究”以及出版的相同题名的学术著作，与本书具有很强关联度，也为本书提供了大量的理论依据和研究资料。

3）研究述评

在国家对公共图书馆发展的重视下，我国公共图书馆标准规范的制定已经

① 朱辰寤. 图书馆标准规范体系的研究[J]. 科技资讯，2012，（28）：253-254.

② 王秀香，申晓娟，李国俊. 我国基层图书馆标准规范体系构建[J]. 图书情报工作，2012，（11）：27-31.

③ 王平. 图书馆标准化工作探讨[J]. 图书馆学研究，2005，（2）：13-15.

④ 宋运郊. 美国公共图书馆系统的最低标准[J]. 黑龙江图书馆，1984，（2）：63-67.

⑤ 周玉红. 英国公共图书馆服务标准调整及其启示[J]. 图书馆杂志，2009，（1）：57-63.

⑥ 周进良，刘志大.《公共图书馆建设标准》解读[J]. 唐山师范学院学报，2010，（5）：151-153.

⑦ 沈光亮.《公共图书馆服务规范》的内容重点、亮点与不足[J]. 图书馆，2012，（4）：12-15.

⑧ 富平. 国家数字图书馆标准规范建设[J]. 国家图书馆学刊，2005，（4）：13-16.

⑨ 申晓娟，周晨，韩超.《数字图书馆资源建设指南》解读[J]. 中国图书馆学报，2011，（1）：39-45.

有了相当大的进步。首先，大部分近期颁布的相关标准规范都在填补国内公共图书馆标准方面的空白。其次，目前已有的关于公共图书馆建筑与设备、服务与管理、图书馆技术等方面的标准已使我国公共图书馆标准体系基本完善。再次，标准的制定相对科学，数字图书馆方面的技术标准参照国际公认的 ISO（International Organization for Standardization，即国际标准化组织）、W3C（World Wide Web Consortium，即万维网联盟）等标准，服务与管理类及建设类的一些标准也借鉴国外先进经验，引进“服务人口”“服务半径”“人均拥有”等科学概念，把公共图书馆分为大型、中型、小型三种，并不是仅仅根据行政级别把公共图书馆分为省、市、县三级，并且标准之间也做到了互相参照，互相呼应。最后，我国上海、安徽、江西、河南等省（直辖市）已经制定了地方性公共图书馆服务标准，为发展地方公共图书馆事业做出了表率。但是，我国的公共图书馆标准规范还不够系统，特别是关于信息资源建设方面的规范还不成熟，主要体现在：一是相关数字图书馆资源建设技术标准的研究较多，但还没有上升到国家标准的层面，不利于我国数字图书馆的建设和发展；二是对相关非技术标准内容的研究虽然能涉及馆藏、资源、建设人员等信息资源建设因素，但规定不够详细、不够系统；三是相较于对公共图书馆服务方面规范的研究，对公共图书馆信息资源建设规范方面的研究就显得更为缺乏，并且往往出于业务研究的角度，而非规范研究的角度。此外，肖希明等的研究虽然与公共图书信息资源建设规范高度相关，但其研究视角是从法律层面着眼，而且研究内容多是从立法的需要出发进行调查研究，虽对规范的制定具有指导意义，但研究目标和研究层次并不相同。总而言之，同国外的情况类似，我国关于公共图书馆信息资源建设规范方面的研究尚显薄弱，更没有出台完整独立的“公共图书馆信息资源建设规范”文本。

1.3 建设规范的研究重点

本书对公共图书馆信息资源建设规范方面的研究，主要分为四个方面。

（1）关于我国公共图书馆信息资源建设现状的研究，具体包括：①我国图书馆法规、规范总体情况；②现有法规、规范关于图书馆建设的规定；③当前规范的不足与建设的要求。

（2）关于公共图书馆信息资源建设规范理论研究，主要包括：①公共图书馆信息资源建设工作各环节之间的系统性研究；②公共图书馆信息资源建设规范同其他相关规范或标准的关系研究；③公共图书馆信息资源建设相关理论研究。

（3）关于公共图书馆信息资源建设规范内容的研究，主要包括：①信息资源建设数量与经费投入标准的研究；②信息资源建设政策制定；③信息资源采集；④信息资源组织与管理；⑤信息资源共建共享；⑥规范中的特别规定。

（4）拟定《公共图书馆信息资源建设规范》文本（草案）。

第2章　公共图书馆信息资源建设规范现状

世界上很多国家都制定了图书馆法及相关的法律法规，其中包括了大量关于信息资源建设的内容。例如，美国国会1956年通过的第一部国家级普通图书馆法《图书馆服务条例》及1965年以后又相继通过的《图书馆服务与建筑条例》《新图书馆服务和建设法》《图书馆服务与技术》等法规，其中涉及文献资源建设的内容主要包括文化遗产的保存、确定采访来源、文献剔除、资源共享、为弱势群体服务的资源建设等；日本于1921年颁布《图书馆员法》、1948年颁布《国立国会图书馆法》、1950年颁布《图书馆法》等法规，形成了比较完整的图书馆法律体系；《俄罗斯联邦图书馆事业法》规定所有图书馆均有保存保护民族文化遗产并及时将其作为财产登记在联合目录中的义务等①。

较之国外的法律规范，我国国内则更重视公共图书馆标准规范。在我国，公共图书馆标准按照适用范围可分为国家标准、地方标准。

国家标准由国家质量监督检验检疫总局：国家标准化管理委员会制定，在全国实施。例如，《公共图书馆服务规范》关于信息资源建设规定的内容主要包括文献采集原则、馆藏文献总量、少数民族语言文献、呈缴本、政府出版物、文献购置经费、文献排架表示、馆藏揭示。另外，对馆藏文献总量和文献购置经费规定了详细的数量标准②。

地方标准是指没有国家标准而自行制定的公共标准，在本行政区域内适用。公共图书馆方面的地方标准主要包括目前安徽、浙江、上海、河南、江西等省（直辖市）制定的公共图书馆相关标准规范。例如，在1996年颁布的《上海市公共图书馆管理办法》关于信息资源建设规定的内容主要包括收藏量、收藏重点、

---

① 肖希明，张勇，等. 公共图书馆文献资源建设法律保障研究[M]. 北京：国家图书馆出版社，2011.

② 国家质量监督检验检疫总局，国家标准化管理委员会. 公共图书馆服务规范[Z]. 2011.

目录管理、投入借阅的时间要求、书刊资料的清理、出版物样本的送缴[①]；2002 年 7 月通过的《北京市图书馆条例》关于信息资源建设规定的内容包括文献信息资源建设统一规划、文献信息资源建设的宏观布局、图书馆的网络建设、图书馆的文献信息资源共享、收藏量和收藏结构、文献信息资源的数字化等[②]。而在众多规范研究中，关于信息资源建设的数量与经费、信息资源的采集、信息资源的组织与管理和信息资源共建共享的规范研究尤为突出。

2.1　关于信息资源建设数量的规范

数量标准是衡量图书馆工作水平的基本标准，因此，信息资源建设规范中应提供一定的数量标准，以加强信息资源建设规范对图书馆工作指导的针对性和导向性，最大限度地保持信息资源建设规范的稳定性和可操作性。目前国内外公共图书馆法规、条例中很多都涉及信息资源建设的数量标准，如对总藏书量、人均藏书量、信息资源建设经费数量等的规范。

2.1.1　国外的相关规定

有关图书馆经费的立法条款，可以追溯到 1850 年的《英国图书馆法》。它首次明确规定了从地方税收中抽取一定的比例作为公共图书馆经费[③]。20 世纪 50 年代初期和中期，联合国教科文组织（United Nations Educational Scientific and Culture Organization，UNESCD）先后在尼日利亚和印度举办了公共图书馆研究班，研究和探讨公共图书馆的立法问题。在各国立法机构支持和图书馆界的努力下，许多国家先后采取立法手段保证图书馆经费及数量。表 2.1 是图书馆立法保障经费的情况。

表 2.1　各国图书馆立法保障经费情况

国别	年份	关于经费条目
英国	1850	图书馆法规定从地方税收中抽取一定的比例作为经费
瑞典	1905	图书馆法规定增加图书馆拨款
丹麦	1920	图书馆法规定公共图书馆经费来源
比利时	1921	国家给图书馆拨款，图书馆有条件接受资助
芬兰	1928	公共图书馆法规定国家给予图书馆经费常数

① 上海市人民政府. 上海市公共图书馆管理办法[J]. 新法规月刊，1997，（2）：42-46.

② 北京市人民代表大会常务委员会. 北京市图书馆条例[Z]. 2002.

③ 周小平. 中外图书馆经费来源比较[J]. 中国图书馆学报，1996，（2）：3-7.

续表

国别	年份	关于经费条目
日本	1950	图书馆法规定在预算内资助
美国	1964	联邦政府对 10 万人以上的城市公共图书馆设法予以特殊补助
伊朗	1964	公共图书馆法规定以地方税收的15%供给地方图书馆

其他许多国家的图书馆法也都规定了国家设立图书馆发展基金的条款。例如，《俄罗斯联邦图书馆事业法》规定："为了加强各种所有制形式图书馆活动的物质保障，可以建立国立和非国立的图书馆发展基金，基金来源为：基金创办者缴纳的款项，企业、机关、团体的赞助，公民和社会团体的捐赠，专门进行抽奖、拍卖以及从事其他商务活动的收入。上述基金及资金用于图书馆事业的发展规划，图书馆活动的协作与协调等。"①

在北欧，各国图书馆法对公共图书馆的经费及主要来源做了明确规定。现行的《丹麦图书馆法》关于经费问题的阐述最为详细。丹麦公共图书馆经费的划拨被明确归为政府责任。丹麦政府除对公共图书馆提供经费支持外，还对照顾特殊人群所需的费用提供补贴②。

《英国公共图书馆法》则指出：公共图书馆的经费属于公共开支，主要来自中央和地方政府的投入。在英国，根据 1964 年的《公共图书馆及博物馆法》的规定，公共图书馆经费的基本来源是地方政府（事实上是地方政府从当地居民征集的财产税）。近年来，英国中央政府以项目经费的形式提供的财政支持，也对图书馆的发展起着重要作用③。

《澳大利亚国家图书馆法》也设立章节对图书馆经费做出规定。按照此规定，澳大利亚国会每年应拨给国家图书馆一定数目的经费，具体的经费数量及拨款时间等由财产部确定，用于图书购置等④。

对于公共图书馆，日本有关当局颁布了《日本公共图书馆的设置和运作规范》。它是根据 1950 年颁布的第 118 号《图书馆法》第 2 条第 2 款关于公共图书馆的规定所制定的法律之一，由日本国家立法机构制定、日本国会通过，并以国家强制力保证其实施。其核心作用是实现国家对公共图书馆的具体管理与指导。该规范的内容主要包括图书馆的组织结构和服务方式，以法律形式确定了公共图书馆的购书经费等具体问题⑤。

---

① 林曦. 译《俄罗斯联邦图书馆事业法》[J]. 江苏图书馆学报，1997，（1）：51-56.

② 刘青芬，王利亚. 丹麦的图书馆法[J]. 图书馆杂志，1997，（6）：57.

③ 官凤婷. 英国图书馆法发展历程与现状[J]. 图书馆学研究，2009，（2）：93-98.

④ 肖希明，张勇，等. 公共图书馆文献资源建设法律保障研究[M]. 北京：国家图书馆出版社，2011.

⑤ 金璐，孔兰兰. 国外公共图书馆法制建设及其对我国的启示——以美国、日本、韩国为例[J]. 图书馆建设，2010，（10）：34-37.

2.1.2　我国的相关规定

《江西省公共图书馆服务标准（试行）》规定，公共图书馆的总藏书量和人均藏书按以下控制指标执行。大型公共图书馆：服务人口为 150 万~400 万，总藏书量应为 135 万~320 万册（件）、人均藏书量为 0.8~0.9 册（件）；服务人口 400 万人口以上，总藏书量应为 320 万~600 万册（件）、人均藏书量为 0.6~0.8 册（件）。中型公共图书馆：服务人口为 20 万~50 万，总藏书量应为 24 万~45 万册（件）、人均藏书量不低于 0.9~1.2 册（件）；服务人口为 50 万~100 万，总藏书量应为 45 万~90 万册（件）、人均藏书量为 0.9 册（件）；服务人口为 100 万~150 万，总藏书量应为 90 万~135 万册（件）、人均藏书量为 0.9 册（件）。小型公共图书馆：服务人口为 1 万~5 万，总藏书量应为 2 万~6.5 万册（件）、人均藏书量为 1.3~2 册（件）；服务人口为 5 万~20 万，总藏书量应为 6.5 万~24 万册（件）、人均藏书量为 1.2~1.3 册（件）①。

《河南省公共图书馆工作规范（试行）》第九条规定，省级图书馆图书年入藏种数不低于 14 000 种，报刊年入藏量不低于 4 000 种，电子文献年入藏量不低于 500 件，视听文献年入藏量不低于 800 件；市级图书馆图书年入藏种数不低于 5 000 种，报刊年入藏量不低于 1 000 种，电子文献年入藏量不低于 60 件，视听文献年入藏量不低于 100 件；县级图书馆图书年入藏种数不低于 1 500 种，报刊年入藏量不低于 600 种，电子文献年入藏量不低于 50 件，视听文献年入藏量不低于 30 件②。

《北京市图书馆条例》第三十五条规定，公共图书馆入藏文献信息资料应当逐年增长，其中市公共图书馆年入藏文献信息资料不得少于 10 万册（件）；区公共图书馆年入藏文献信息资料不得少于 2 万册（件）；县公共图书馆年入藏文献信息资料不得少于 1 万册（件）；街道、乡镇公共图书馆（室）年入藏文献信息资料不得少于 1 000 册（件）。入藏文献信息资料应当兼顾纸质文献、电子文献和其他载体文献，兼顾文献载体和使用权的购买③。

《公共图书馆服务规范》将文献购置经费制定为公共图书馆的文献购置经费由各级政府投入，专款专用，确保公共图书馆服务的正常开展。省级馆年人均文献购置费应达到 0.52 元以上；地级馆年人均文献购置费应达到 0.3 元以上；县级馆年人均文献购置费应达到 0.18 元以上。文献购置经费应与财政收入的增长同步增加。图书馆应在文献购置经费中安排电子文献购置经费，并根据馆藏结构和文

---

① 江西省文化厅社文处. 江西省公共图书馆服务标准（试行）[Z]. 2008.

② 河南省文化厅. 河南省公共图书馆工作规范（试行）[Z]. 2009.

③ 北京市人民代表大会常务委员会. 北京市图书馆条例[Z]. 2002.

献利用情况逐年提高或不断调整其与印刷型文献的比例①。

《河南省公共图书馆工作规范（试行）》第三条规定，公共图书馆开展正常业务工作应有充足的经费保障。事业费、购书经费应达到国务院文化行政部门制定标准的上限，并随着地方财税收入逐年增加。省级公共图书馆年事业费不低于 1 000 万元，年购图书种类达到全国年出版图书种数的 15%~25%。市级公共图书馆年事业费不低于 100 万元，年购图书种类达到全国年出版图书种数的 5%~10%。县级公共图书馆年事业费不低于 30 万元，年购图书种类达到全国年出版图书种数的 1%~2%。第十四条规定，图书馆普通书刊的阅览、外借应当免费，图书馆利用文献信息开发的成果提供使用的可以适当收费，其收入应当用于图书馆建设。收费标准按国家有关规定执行②。

江西省文化厅社文处颁发的《江西省公共图书馆服务标准（试行）》规定公共图书馆的文献购置费应在保证日常办公经费的同时，予以充分保障，并应专款专用。设区市、区县公共图书馆的购书经费，应按其服务人口人均不低于 0.25 元列入当地财政预算，并应随着当地财政收入的增长而相应增加。其中设区市图书馆图书年入藏种数不低于 5 000 种，区县图书馆不低于 2 500 种；用于购买少儿读物的经费，省图书馆应不少于全馆文献购置费的 10%、设区市图书馆不少于 20%、区县图书馆不少于 30%③。

内蒙古自治区第九届人民代表大会常务委员会第十七次会议于 2000 年 8 月 6 日通过的《内蒙古自治区公共图书馆管理条例》第九条规定，各级人民政府应当将公共图书馆的业务经费和必需的设备费用列入财政年度预算予以保证。公共图书馆的业务经费和设备费用必须用于图书馆建设和开支，不得挪作他用④。

上海市人民政府于 1996 年 11 月 28 日颁布的《上海市公共图书馆管理办法》第二十四条规定，市和区（县）图书馆的经费，分别由市和区（县）财政拨付。街道（乡、镇）图书馆的经费，由街道办事处（乡、镇人民政府）予以保证，区（县）人民政府给予适当的支持。公共图书馆的经费应当根据国民经济和公共图书馆事业的发展，逐年有所增加。公共图书馆的建设资金可以多渠道筹集。政府鼓励单位和个人向公共图书馆捐资、捐书⑤。

广西壮族自治区人民政府于 2002 年 11 月 15 日发布的《广西壮族自治区公共图书馆管理办法（修订稿）》第十二条规定，公共图书馆的经费，包括购书费、人员工资与职务津贴费、公务费、业务费分别自各级财政拨付。其中购书费不能

---

① 国家质量监督检验检疫总局，国家标准化管理委员会. 公共图书馆服务规范[Z]. 2011.

② 河南省文化厅. 河南省公共图书馆工作规范（试行）[Z]. 2009.

③ 江西省文化厅社文处. 江西省公共图书馆服务标准（试行）[Z]，2008.

④ 内蒙古自治区人民代表大会常务委员会. 内蒙古自治区公共图书馆管理条例[Z]. 2000.

⑤ 上海市人民政府. 上海市公共图书馆管理办法[J]. 新法规月刊，1997，（2）：42-46.

低于总经费的 40%，公共图书馆经费的增长幅度应和正常性财政收入的增长幅度相适应，并根据国民经济和公共图书馆事业的发展，逐年有所增加。公共图书馆的建设资金可以多渠道筹集。政府鼓励单位、社会团治和个人向公共图书馆捐资、捐物①。

《深圳市福田区公共图书馆管理办法》第六条规定，公共图书馆业务经费由区财政根据实际情况给予安排。公共图书馆的业务经费必须用于图书馆建设和开支，不得挪作他用。第七条规定，每新建一个街道图书分馆或社区图书馆，区政府一次性投入 15 万元，作为启动经费，用于馆舍的装修，图书馆专用设备（书架、期刊架、报架等）及 3 000 册图书、100 种期刊、20 种报纸和 1 台电脑的购置。第八条规定，街道图书分馆、社区图书馆后续发展专项资金按每年 10 万元/个的标准划拨；其中，70%为日常运作费（含人员工资、水电、报刊、网络、读者活动等费用），由区财政局按月统一拨给街道办事处，街道办事处转拨给社区工作站，专款专用；30%为图书、设备购置费，由区图书馆统一采购，按绩效评估情况配发②。

浙江省人民政府第九次常务会议审议通过的浙江省人民政府令第 161 号《浙江省公共图书馆管理办法》（自 2003 年 10 月 1 日起施行）第十一条规定，各级人民政府应当将公共图书馆所需经费包括人员经费、业务经费、文献资料购置费和设施、设备添置修缮费列入财政预算，并随着财政收入的增长和公共图书馆事业发展的需要予以增加。公共图书馆可以多渠道筹集资金，用于图书馆建设。鼓励单位、个人向公共图书馆捐赠资金、设备、文献资料。公共图书馆经费应当专款专用，不得挪作他用③。

《江苏省公共图书馆管理办法（征求意见稿）》第三条规定，地方各级人民政府应当加强对公共图书馆事业的领导，将公共图书馆事业纳入国民经济和社会发展规划，将公共图书馆建设纳入城乡建设总体规划，将公共图书馆经费列入本级财政年度预算，并随着国民经济的发展逐步增加投入。省人民政府对老区和经济欠发达地区的公共图书馆事业给予扶持④。

《山东省公共图书馆管理办法》第四条规定，县级以上人民政府应当将公共图书馆建设纳入当地国民经济和社会发展计划。公共图书馆的建设、保护、使用等经费，应当列入同级财政预算，并随着年度财政收入的增长逐年增加⑤。

---

① 广西壮族自治区人民政府. 广西壮族自治区公共图书馆管理办法（修订稿）[Z]. 2002.

② 福田政府在线，http://www.szft.gov.cn/zf/.

③ 浙江省人民政府. 浙江省公共图书馆管理办法 [Z]. 2003.

④ 江苏省文化厅. 江苏省公共图书馆管理办法（征求意见稿）[Z]. 2009.

⑤ 山东省人民政府. 山东省公共图书馆管理办法[Z]. 2009.

《数字图书馆资源建设指南》第十二条规定，数字资源建设经费一般包括数据库产品或服务购买、资源载体购买、知识产权授权许可、特色数据库建设与维护、资源发布、人员培训、数字资源加工场地建设或租赁及相关设施设备购买、租赁和维护等费用。积极寻求政府的政策支持和经费投入，并在国家政策许可的范围内吸纳社会多元化资金投入①。

综合上述规范、条例以及表 2.2 可以看出，在对信息资源建设经费的规定中体现了以下几点内容。

（1）多数规定只是单纯地提出了一些数据，数据来源缺乏依据说明。

（2）给出的很多数量标准并没有体现公共图书馆信息资源建设的质量水平。

（3）大都规定了文献资源购置费在图书馆事业经费中保持合理比例。

（4）大部分对购书经费都有明确的规定。

（5）有的规范中经费投入的范围是图书馆建设的经费，而不是专指信息资源建设的经费，如果报告人不加以区分就会无形扩大经费的范围。

（6）虽然提出了怎么获得和使用信息资源建设经费，但没有对信息资源建设经费数量制定一个明确的标准。

（7）没有明确数字资源是信息资源的组成部分，在规定中没有指出信息资源建设经费应包括数字资源建设经费以及通过网络远程获取数字资源的服务费。

（8）没有涉及对古旧文献、特色文献资源建设及文献资源的共建共享的经费保障。

表 2.2　国内外公共图书馆法律法规关于数量标准的内容

国内外	公共图书馆法律法规	相关内容	备注
国外	俄罗斯联邦图书馆事业法	建立国立和非国立的图书馆发展基金。基金来源为：基金创办者缴纳的款项，企业、机关、团体的赞助，公民和社会团体的捐赠，专门进行抽奖、拍卖以及从事其他商务活动的收入	基于基金、资金对公共图书馆事业进行发展规划
	丹麦图书馆法	关于经费问题的阐述非常详细，并且明确图书馆经费来源为政府责任	基于充足的经费来支持公共图书馆建设
	英国公共图书馆法	明确指出公共图书馆的经费属于公共开支，主要来自中央和地方政府的投入，近年英国中央政府以项目经费的形式提供财政支持	主要规定经费来源及使用规范
	澳大利亚国家图书馆法	规定澳大利亚国会每年应拨给国家图书馆一定数目的经费，用于图书购置等，具体的经费数量及拨款时间，由财产部确定	对经费做出规定，从经费角度稳固公共图书馆建设

① 全国数字图书馆建设与服务联席会议. 数字图书馆资源建设指南[Z]. 2010.

续表

国内外	公共图书馆法律法规	相关内容	备注
国外	日本公共图书馆的设置和运作规范	实现国家对公共图书馆的具体管理与指导。其内容主要包括图书馆的组织结构和服务方式	以法律形式确定了公共图书馆的购书经费等具体问题
国内	江西省公共图书馆服务标准（试行）	以大型公共图书馆、中型公共图书馆、小型公共图书馆为基准，依据服务人口数量的划分，对总藏书量和人均藏书量进行规定。设区县购书费用，并规定人均费用及少儿读物费用。同时设区县年入藏种数	从藏书量、经费、年购书种数标准的角度来规范公共图书馆建设
	河南省公共图书馆工作规范（试行）	对省市县级公共图书馆图书、报刊、电子文献、视听文献入藏量做出明确规定，以全国年图书出版总数为基准对入藏种数做出指示。经费方面规定了最低年事业费	从年入藏量、入藏种数、事业费方面做出明确的规定，用具体的数目及范围来保障公共图书馆的基本建设
	北京市图书馆条例	街道、乡镇公共图书馆（室）年入藏文献信息资料不得少于 1 000 册（件）	以每年最低入藏文献信息资料为基础来建设公共图书馆
	公共图书服务规范	明确规定省市县人均文献购置费	根据人均文献购置经费来确保公共图书馆的文献购置经费的投入
	内蒙古自治区公共图书馆管理条例	将公共图书馆的业务经费和必需的设备费用列入财政年度预算予以保证，并严格规定必须用于图书馆建设和开支，不得挪作他用	从公共图书馆经费来源方面进行建设，依据法律保障公共图书馆经费的专款专用
	上海市公共图书馆管理办法	规定市区县、街道公共图书馆经费来源，并鼓励单位和个人向公共图书馆捐资、捐书	主要从经费来源方面做出明确指示
	广西壮族自治区公共图书馆管理办法（修订稿）	规定公共图书馆的经费，包括购书费、人员工资与职务津贴费、公务费、业务费，并指明购书费不能低于总经费的 40%	明确了公共图书馆经费包含的具体款项，使公共图书馆在建设费用方面更具体
	深圳市福田区公共图书馆管理办法	规定由区人民政府从行政事业经费中列支，必须用于图书馆建设开支，并规定社区、街道图书馆建设经费与文献资源配置标准	对新馆建设的经费投入、费用使用、文献信息资源购置做出说明
	浙江省公共图书馆管理办法	将公共图书馆所需经费包括人员经费，业务经费，文献资料购置费和设施、设备添置、修缮费列入财政预算，鼓励多渠道筹集资金，专款专用	明确图书馆经费开支，列入财政预算
	江苏省公共图书馆管理办法（征求意见稿）	地方各级人民政府加强对公共图书馆事业的领导，并将其纳入发展规划政策中，将公共图书馆经费列入本级财政年度预算，并予以保证，同时对老区和经济欠发达地区的公共图书馆事业给予扶持	从城市发展规划政策角度将公共图书馆纳入其中，指出经费列入政府财政预算

2.2 关于信息资源采集的规范

图书馆等文献机构要实现最大限度满足信息用户需求的目的，就必须依据一定的原则标准，通过各种途径采集各种类型信息。科学的信息资源采集方法是采集到高质量信息资源的保证。由于现代图书文献数量庞大，类型复杂，学科广泛，出版发行渠道分散，有商品性的，有交流性的，有公开的，有内部的，因此，信息资源采集必须采用多种渠道、途径和方法，包括购买、自建数据库及其他采集方式（呈缴、交换、赠送、调拨、征集、索取）。

2.2.1 国外的相关规定

信息资源采集是信息资源建设的基本环节。各国法律法规宣言、声明文件等大都对文献采集原则、文献的类型、各类型文献比例做出了规定。例如，《俄罗斯图书馆宣言》规定图书馆需“独立确定本馆馆藏采访源”①。英国在此方面的规定曾经历了一些波折。1850 年英国《公共图书馆法案》颁布之初，规定由政府拨款的图书馆基金只能用在图书馆设施和员工方面，而不能用来购买图书和其他印刷型资料；1853 年，该法案延伸到了苏格兰和爱尔兰。1851 年，每英镑抽取的相关赋税提高到了一便士，并且图书馆基金允许用以购买图书和其他印刷资料以及样品。从 1893 年起，各地政府不再通过纳税人的投票而直接授权建立公共图书馆。从此，英国公共图书馆便获得了更多的发展基金，购买了更多的图书资料，开始履行全面而有效的图书馆服务，而政府则承担起指导和监督公共图书馆运行，提高公共图书馆服务重要性的责任②。

为了推进非印刷型资源的呈缴，英国国会还专门于 2003 年 10 月通过《图书馆出版物缴送法案》，该呈缴法的立法目的是扩大出版物的呈缴范围，即从印本文献扩充到各种非印刷载体出版物，包括印刷型实体出版物（如光盘、缩微印品等）和网络出版物。这一规定保证了所有载体的重要出版物均可被收集并作为国家遗产的一部分保存下来。

法国也通过呈缴制度保障出版物的收藏。《蒙彼利埃敕令》规定在法国出版或销售的法国出版物必须向皇家图书馆缴送一册。1793 年，法国颁布了《著作权法》，该法规定由作者向国家图书馆缴送样本，取代了原来由出版社缴送样本的

---

① 金潞，孔兰兰. 国外公共图书馆法制建设及其对我国的启示——以美国、日本、韩国为例[J]. 图书馆建设，2010，（10）：34-37.

② 官凤婷. 英国图书馆法发展历程与现状[J]. 图书馆学研究，2009，（2）：93-98.

做法。1904 年和 1929 年的相关法律法规规定巴黎印币长制造的纪念章需向国家图书馆缴送一件。1993 年法国又制定了新的法定呈缴制度，呈缴对象扩展到所有印刷型出版物、数据库、软件和专家系统、录音制品、影像制品、多媒体资料等。这一制度保障了图书馆馆藏的全面性①。

公共图书馆有自主采购文献资料的权利，联合国教科文组织《公共图书馆宣言》明确指出："馆藏资料和图书馆服务不应受到任何意识形态、政治或宗教审查制度的影响，也不应屈服于商业压力。"这表明公共图书馆的自主采购权是国际图书馆界认可和倡导的图书馆权利②。

《俄罗斯联邦图书馆事业法》第十三条规定，图书馆有权利按照规定的程序与外国图书馆和其他机关及组织进行合作，包括进行国际图书交换，按规定的手续加入国际馆组织，参与实现国际图书馆和其他规划。独立确定本馆馆藏采访源③。

美国国会图书馆作为世界上最大的图书馆，其文献资源发展政策通过《馆藏政策声明》（Collections Policy Statements，CPS）决定了图书馆的馆藏结构、发展方向和采访任务，为发展和维持现有馆藏提供了具体计划。CPS 规定：美国国会图书馆"在全世界范围内，采访和收集所有载体和全部学科（农业技术和临床医学除外）的文献"④。载体形式包括图书、期刊、地图、乐谱、印刷品、照片、声音记录、视频、电子资源等，主要采访方式有六种：在版编目计划、版权呈缴、交换、捐赠额、国内调拨和购买。CPS 充分体现了美国国会图书馆在馆藏建设方面的发展思想，定位明确，馆藏资源建设紧紧围绕图书馆使命，为文献资源建设提供了指导。

1956 年，美国图书馆协会（American Library Association，ALA）的公共图书馆出版了《公共图书馆服务：最低评估标准指南》（*Public Library Service：A Guide to Evaluation with Minimum Standards*）⑤，制定公共图书馆准则的工作始于第二次世界大战期间，如文献采访应该包含的主题和文献类型、应收藏的图书及其他资料、对图书馆员及其他人员的规定、藏书的控制与组织、图书馆建筑与设施。1966年，出版了修订版，名为《公共图书馆系统的最低标准》，在1969年出版了《公共图书馆：服务标准》，1975 年出版了《小型公共图书馆临时标准：公

---

① 肖希明，张勇，等. 公共图书馆文献资源建设法律保障研究[M]. 北京：国家图书馆出版社，2011.

② 联合国教科文组织. Public Library Manifesto[EB/OL]. http://www.360doc.com/content/06/0927115/8508-218305.shtml，1994-10-29.

③ 金潞，孔兰兰. 国外公共图书馆法制建设及其对我国的启示——以美国、日本、韩国为例[J]. 图书馆建设，2010，（10）：34-37.

④ Collection Development and Publicies [EB/OL]. http://www.loc.gov/acq/devpol，2011-03-02.

⑤ 美国公共图书馆[EB/OL]. http://blog.sina.com.cn/s/blog_5353a0e40/009t42.html，2008-07-15.

共图书馆服务达标方针》。1975 年版本的后记上写明："因此，图书馆的多样性要求这些方针应当谨慎使用，并且对当地需求的研究、当地目标的准确表达、当地计划的发展应深思熟虑。"这表明为所有的公共图书馆设立文献资源建设标准的做法已经结束了，而新的焦点集中到根据不同的图书馆的目标、用户需求来进行文献资源建设。因此，30 年来，这一领域向已经淡化烦琐的标准而转向对结果的评价①。

2.2.2 我国的相关规定

信息资源采集是公共图书馆信息资源建设中最重要的环节，我国很多公共图书馆法律法规都涉及信息资源采集工作。例如，《公共图书馆服务规范》对信息资源采集的规定如下。馆藏文献资源建设应遵循以下原则：与日益增长的读者需求和本地区经济、文化与社会事业发展相适应；与国家知识产权保护等法律法规的要求相一致；与本馆文献资源建设规划、采集方针及服务功能相匹配；有利于形成资源体系和特色；有利于促进区域文献资源共建共享；有利于积淀与丰富历史文献。馆藏文献包括印刷型文献、电子文献、缩微文献等②。公共图书馆应在确保印刷型文献入藏的基础上，逐步增加电子文献的品种和数量，并根据当地读者和居住的外籍人员的需求，积极配置相应的外文文献。少数民族集聚地区的各级公共图书馆应承担该地区少数民族文字文献资料的收藏和服务的职能。其他地区各级公共图书馆也应收藏与本地少数民族状况相适应的少数民族语言文献。省级公共图书馆负有依法接受所在省（市）出版机构呈缴出版物和保存地方文献版本的职能。呈缴本的入藏应符合本馆的文献入藏原则和范围，征集的品种、数量应达到地方正式出版物的 70%以上。

《数字图书馆资源建设指南》第十条对数字信息资源采集的规定，根据数字图书馆的建设目标，结合资源的主题内容、类型、载体等，确定资源建设对象。通过购买、数字化加工、网络资源采集、网络资源导航、受缴、受赠和交换等多种途径建立和丰富数字馆藏③。

《江苏省公共图书馆管理办法（征求意见稿）》第十条提出对信息资源采集的规定，公共图书馆享有自主采购权。公共图书馆应当科学合理地确定文献信息资源的建设方针，做好纸质文献、电子文献和其他载体文献等文献资料的收藏工作。公共图书馆应当加强对地方文献的征集，逐步形成具有地方特色的馆藏体系。第十四条规定，建立健全呈缴本制度。省图书馆（南京图书馆）是

---

① 美国公共图书馆[EB/OL]. http://blog.sina.com.cn/s/blog 702613follurj.htm，2016-04-12.

② 国家质量监督检验检疫总局，国家标准化管理委员会. 公共图书馆服务规范[Z]. 2011.

③ 全国数字图书馆建设与服务联席会议. 数字图书馆资源建设指南[Z]. 2010.

本省行政区域出版物版本收藏单位，各市、县图书馆是所在地出版物版本收藏单位。本省行政区域内各出版单位应当将编印出版的出版物自出版之日起 30 日内，向南京图书馆缴送两册（套、件）样本，特别贵重的缴送一册（套、件）。鼓励市、县出版单位向当地的市、县图书馆缴送样品。鼓励省内出版内部出版物的单位以及在省外出版作品的个人自愿呈缴。本办法所称出版物，是指图书、报纸、期刊、音像制品、电子出版物等。第十五条规定，鼓励国内外组织和个人向公共图书馆捐赠文献信息资源、图书馆设备等。鼓励和支持公共图书馆按照有关规定，与国内外图书馆开展文献信息资源的交换业务。第十六条规定，公共图书馆应当加强馆藏文献信息资源数字化建设，逐步建立现代化图书馆网络，实现资源共享①。

《上海市公共图书馆管理办法》第十五条对信息资源建设的规定，市图书馆重点收藏专利文献、标准文献、本市的地方文献和国内出版社、报社、杂志社等出版单位出版的报刊、丛书、多卷书及国外主要出版物。区（县）图书馆重点收藏本区（县）的地方文献和本市出版社、报社、杂志社等出版单位的主要出版物。第十九条规定（出版物样本的送缴）除特殊种类或者出版数量较少的出版物外，本市出版社、报社、杂志社等出版单位应当自本单位出版书刊资料之日起 30 日内，将样本送缴市图书馆收藏，具体送缴办法由市文广影视局另行制定②。

《江西省公共图书馆服务规范（试行）》对信息资源采集的规定，公共图书馆应科学合理地确定文献信息资源建设的方向，入藏文献信息资料应当兼顾纸质文献、电子文献和其他载体文献，兼顾文献载体和使用权的购买，保持重要文献、特色资源和地方文献的完整性和连续性，要有步骤地加大馆藏文献信息资源的数字化，不断拓展虚拟馆藏资源，逐步形成具有特色的馆藏文献信息资源体系③。

《湖北省公共图书馆条例》第十一条对信息资源建设的规定，公共图书馆应当做好文献资料收藏工作，包括各类传统的文献资料以及磁带、磁盘、缩微胶片、光盘等新型文献资料，重视收集地方文献资料，逐步形成具有地方特色的馆藏体系。第十二条规定，各级人民政府应当重视地方文献资料的征集工作，建立健全呈缴本制度。省图书馆是本省出版物版本收藏单位，市、州图书馆是所在地出版物版本收藏单位。省内各出版社、报社、杂志社等出版单位，应当在出版物出版 30 日内，向省图书馆及出版单位所在地的市、州公共图书馆

---

① 江苏省文化厅. 江苏省公共图书馆管理办法（征求意见稿）[Z]. 2009.

② 上海市人民政府. 上海市公共图书馆管理办法[J]. 新法规月刊，1997，（2）：42-46.

③ 江西省文化厅社文处. 江西省公共图书馆服务标准（试行）[Z]. 2008.

缴送两册（套）样本。鼓励省内出版内部出版物的单位和个人以及在省外出版作品的个人自愿呈缴①。

《河南省公共图书馆工作规范（试行）》第七条对信息资源建设的规定，全省公共图书馆的文献信息资源建设应根据本地社会发展各个领域的需要，在原有藏书的基础上，本着分工协作、各具特色、合理布局、共建共享的原则，制定科学合理的文献信息资源建设方针，逐步建成全省公共图书馆文献信息资源保障体系。各级公共图书馆应当加强对地方文献的征集，形成具有地方特色的馆藏体系或专藏系列。各级公共图书馆应当主动接收国内外组织和个人捐赠的文献信息资源，通过适当的方式向社会公布。第八条规定，各级公共图书馆应当根据社会需求和文献信息资源发展特点，丰富馆藏资源品种，兼顾纸质文献、数字化文献和其他载体文献收藏的比例，应当加强馆藏文献信息资源数字化建设，建立并丰富虚拟馆藏资源。全省公共图书馆的数字化信息资源建设，应以联合共建共享为原则，避免重复建设②。

《浙江省公共图书馆管理办法》第二十三条关于信息资源建设的规定，各级人民政府应当重视地方文献资料的征集工作，建立地方文献资料呈缴制度。地方文献资料的呈缴范围：出版单位出版的出版物和其他单位编撰、绘制、印刷的具有保存价值的资料。省图书馆是全省地方文献资料呈缴样本收藏单位，各市、县（市、区）图书馆是所在地地方文献资料呈缴样本收藏单位。地方文献资料呈缴单位应当在地方文献资料出版、编印之日起 30 日（非合订本报纸在出版之日起7日）内向省图书馆及所在地市、县（市、区）图书馆送缴样本一册（件）。第二十四条规定，公共图书馆应当做好各种类型、各种载体文献资料的收藏工作，建立具有地方特色的馆藏体系或专题系列③。

《北京市图书馆条例》第十一条规定，本市鼓励自然人、法人和其他组织兴办图书馆或者以捐赠资金、文献信息资料、设备等形式资助图书馆事业发展。捐赠人依照《中华人民共和国公益事业捐赠法》享受税收等优惠。第三十五条规定，图书馆应当不断完善、丰富馆藏文献信息资源④。

《内蒙古自治区公共图书馆管理条例》第十条对信息资源建设的规定，各级人民政府要加强对民族地方文献的收集、保护。建立具有地方特色和民族特点的藏书体系。公共图书馆对民族地方文献要设立专库和专架管理。要配备熟悉少数民族语言文字的专业人员。第十一条规定，公共图书馆之间应当加强联系和合作，在书刊资料采购、交换和借阅服务等方面进行协作，实现馆藏资源

---

① 湖北省人民代表大会常务委员会. 湖北省公共图书馆条例[Z]. 2001.

② 河南省文化厅. 河南省公共图书馆工作规范（试行）[Z]. 2009.

③ 浙江省人民政府. 浙江省公共图书馆管理方法[Z]. 2003.

④ 北京市人民代表大会常务委员会. 北京市图书馆条例[Z]. 2002.

共享。第十三条规定，公共图书馆应当收集入藏历史文献和新型载体文献[①]。

从表 2.3 中可以看出，在对信息资源建设采集工作的规定中体现了以下几点内容。

（1）大都提到了对地方文献或特色文献的采集和保护。

（2）大都提到了文献的呈缴、捐赠等其他采集方式。

（3）很多没有重视对数字资源建设的规定。

（4）对信息资源的传统采集方式（购买、自建）涉及不多。

（5）过分强调藏书量或人均藏书量，可能会导致公共图书馆会通过订购一些价格低廉的图书或者增加图书的复本量、减少图书的品种来实现。

（6）很少有对采访工作流程进行规范。

表 2.3　国内外公共图书馆法律法规关于信息资源采集的政策

<table>
<tr><th>国内外</th><th>地区或组织</th><th>公共图书馆法律法规</th><th>关于信息资源采集的政策</th><th>备注</th></tr>
<tr><td rowspan="10">国外</td><td>联合国教科文组织</td><td>公共图书馆宣言</td><td>表明公共图书馆的自主采购权是国际图书馆界认可和倡导的图书馆权利</td><td>说明公共图书馆采购权</td></tr>
<tr><td rowspan="2">俄罗斯</td><td>俄罗斯图书馆宣言</td><td>规定图书馆需“独立确定本馆馆藏采访源”</td><td>侧重公共图书馆采访权利</td></tr>
<tr><td>俄罗斯联邦图书馆事业法</td><td>图书馆有权利“按照规定的程序与外国图书馆和其他机关及组织进行合作，包括进行国际图书交换，按规定的手续加入国际组织，参与实现国际图书馆和其他规划。独立确定本馆馆藏采访源”</td><td>合作增加馆藏</td></tr>
<tr><td rowspan="2">英国</td><td>公共图书馆法案</td><td>由政府决定采购发展为公共图书馆获得基金，购买图书资料，履行全面而有效的图书馆服务，而政府则承担起指导和监督责任</td><td>以公共图书馆采访权利为重</td></tr>
<tr><td>图书馆出版物缴送法案</td><td>扩大出版物的呈缴范围，即从印本文献扩充到非印刷载体出版物和网络出版物</td><td>呈缴本制度的完善</td></tr>
<tr><td rowspan="2">法国</td><td>蒙彼利埃敕令</td><td>规定在法国出版或销售的法国出版物必须向皇家图书馆缴送一册</td><td>说明呈缴本制度</td></tr>
<tr><td>著作权法</td><td>由作者向国家图书馆缴送样本，而取代了原来由出版社缴送样本的做法</td><td>后又制定了新的法定呈缴制度，对呈缴对象进行扩展</td></tr>
<tr><td rowspan="2">美国</td><td>馆藏政策声明</td><td>决定了图书馆的馆藏结构、发展方向和采访任务</td><td>体现在馆藏建设方面的发展思想，定位明确，为文献资源建设提供指导</td></tr>
<tr><td>公共图书馆服务最低评估标准指南</td><td>制定文献采访应该包含的主题和文献类型、应收藏的图书及其他资料、对图书馆员及其他人员的规定、藏书的控制与组织、图书馆建筑与设施</td><td>后有《公共图书馆系统的最低标准》《公共图书馆：服务标准》《小型公共图书馆临时标准：公共图书馆服务达标方针》</td></tr>
</table>

① 内蒙古自治区人民代表大会常务委员会. 内蒙古自治区公共图书馆管理条例[Z]. 2000.

续表

国内外	地区或组织	公共图书馆法律法规	关于信息资源采集的政策	备注
国内		公共图书馆服务规范	制定馆藏文献资源建设应遵循的原则与规则	建立详细的信息资源建设原则
	江苏省	江苏省公共图书馆管理办法（征求意见稿）	提出公共图书馆享有自主采购权	明确如何有序地建立健全信息资源
	上海市	上海市公共图书馆管理办法	规定市、区公共图书馆都有相应的重点收藏信息资源以及呈缴制度	具体规定了不同图书馆的馆藏建设范围
	江西省	江西省公共图书馆服务规范（试行）	以建立特色的馆藏文献信息资源体系为目标，规定信息资源采集的方向	指导性策略
	湖北省	湖北省公共图书馆条例	提出做好收藏工作，健全呈缴本制度	侧重收藏
	河南省	河南省公共图书馆工作规范（试行）	根据本地社会发展、需求和文献信息资源发展特点丰富馆藏资源	依据社会需求和数字化建设进行共建共享
	浙江省	浙江省公共图书馆管理办法	重视地方文献资料的征集和呈缴本制度的完善	对呈缴本制度做出详细的说明
	北京市	北京市图书馆条例	鼓励捐赠资金、文献信息资料、设备等形式资助图书馆事业发展	鼓励捐赠

2.3 关于信息资源的组织与管理

馆藏资源布局模式是近年来公共图书馆信息资源建设中发展变化较快的一个领域，目前馆藏资源布局模式主要包括功能划分、空间划分、借阅方式划分、空间和服务划分、知识组织划分五种方式。

2.3.1 国外的相关规定

信息资源的组织与管理是文献信息资源建设重要的组成部分，文献信息资源管理包括文献资源的保存与保护、对陈旧过时失去利用价值的文献从馆藏中剔除等，这些都是文献资源建设必不可少的环节。关于文献资源的组织与管理，各国图书馆法律法规也涉及这一方面的内容。

文献资源保存一般与文献或文化遗产保存保护相关，如《俄罗斯图书馆法》规定：一定保证为采购提供经费和保证妥善地保存国立和市立图书馆的藏书。印度《胡达巴赫什东方公共图书馆法》（*The Khuda Bakhsh Oriental Public Library Act*.1969 年）规定，为保存的需要，图书馆管理委员会可以根据自己的选择购买或者取得手稿、图书等。

斯洛伐克也于 1954 年通过立法，确定斯洛伐克国家图书馆为国家图书馆和斯洛伐克数目研究中心，负责管理与保护历史文献。1973 年，斯洛伐克人民委员会决定从 1973 年起，授权“Matica Slowenska”图书馆登记和保管斯洛伐克各历史图书馆的全部收藏和斯洛伐克现有的一切古籍①。

美国马萨诸塞州立法机构把波士顿公共图书馆指定为“最终保障地”，该馆承担起开发、维护和存储具有研究性与档案性质的馆藏文献的任务，并且提供利用参考和研究馆藏资源的服务。1895 年，美国国会通过了《保藏图书馆计划》，确保公众通过该法律获得基本的政府信息。1962 年，《保藏图书馆法》出台，规定每个州可设置两个地区性保藏（Regional Depositories）图书馆，可定期剔除不必要的政府出版物。1962 年以前，保藏图书馆仅收藏美国政府印刷局发行的资料，这通常只占整个政府出版物的一半，《保藏图书馆法》的颁布弥补了这一缺陷，将保藏图书馆的收藏范围扩大到“政府出资或按法律规定出版的信息资料”，其中包括各种载体的图书、报告、地图册、图表、海报、照片、期刊等。目前，保藏图书馆计划为选定的 1 300 多所图书馆提供政府出版物，以方便公众利用。

根据《澳大利亚国家图书馆法》的规定，澳大利亚国家图书馆的职能主要是：收藏澳大利亚所有类型的出版物及其他与澳大利亚有关的出版物和非出版物，并保证这些文献的可利用性；为公民及国会提供服务；促进本图书馆与其他馆以及信息机构之间的合作。该馆依照该法享有将本馆资料转让他人之权利，即馆长有权在委员的要求下，通过适当的权利对任何属于联邦的图书资料和任何仪器物品的所有权、使用权、保管权实行转让。《澳大利亚图书馆法》规定，各级公共图书馆都必须按照各自的性质、任务及方向发展馆藏，各馆也会相应制定出不同时期的藏书发展政策，规划藏书体系。

《俄罗斯联邦图书馆事业法》②规定图书馆有权利“根据现行的标准规则条例，取得图书馆创办者的同意，按照文献剔除的程序，从馆中剔除和出售文献资料。同时任何法律制作形式和所有制形式的图书馆均无权注销和出售列入历史和文化真品之内的文献，这类文献的保存和利用方法由现行法律规定”。

2.3.2　我国的相关规定

我国图书馆馆藏信息资源管理工作包括馆藏资源的保存、保护、布局、排架、典藏、清点、复选、剔除工作。关于文献信息资源的保存保护、复选剔除等工作我国各地方法规中都有一定的介绍。较其他而言，国内的布局规范仍有一定

---

① 龚龙. 捷克斯洛伐克图书馆法概况[J]. 图书情报论坛，2003，（2）：43-44.

② 金潞，孔兰兰. 国外公共图书馆法制建设及其对我国的启示——以美国、日本、韩国为例[J]. 图书馆建设，2010，（10）：34-37.

的欠缺，国内图书馆和情报界对信息资源布局进行了大量的研究与实践，提出了多种布局方案，但尚无一致的见解。为达到信息资源建设目标，需要确定一种适当的布局模式，以求实用、经济地满足需求。

江苏、湖北、河南、广西、深圳、江西、北京等省（区）、市图书馆行政法规对信息资源组织与管理进行了相关规定，举几个例子。

《江苏省公共图书馆管理办法（征求意见稿）》第二十条规定，公共图书馆应当设计、营造、维护良好的阅读环境。采取阅览、外借、流动借阅等方式为读者服务；实行开架或者半开架制度，提高文献信息资源利用率；并不断拓展服务领域①。

《湖北省公共图书馆条例》第六条规定，公共图书馆应当公布服务事项和服务功能，实行开架或者半开架借阅，努力营造和维护良好的阅览环境，为读者利用文献资料提供服务；应当向老、弱、病、残的读者提供方便②。

《河南省公共图书馆工作规范（试行）》第十七条规定，各级公共图书馆在服务与管理中应体现人文关怀，营造、维护良好的阅读环境，为全体读者提供人性化、便利化的服务。应当实行开架借阅服务。在服务设备、设施上应消除弱势群体利用图书馆的困难，为残疾人设置无障碍通道，并根据条件设置残疾人阅览室或者阅览专座。应当注重为未成年人提供必要的服务③。

《广西壮族自治区公共图书馆管理办法（修订稿）》第十一条规定，公共图书馆的布局要求、馆舍面积、阅览座位和藏书量按有关规定执行④。

《深圳经济特区公共图书馆条例（试行）》第二十五条规定，公共图书馆应采取开架或半开架借阅制度，并注意设计营造和维护读者的阅读环境。《深圳市福田区公共图书馆管理办法》第二十条规定，采取开架的服务方式，并注意设计、营造和维护良好的读者阅读环境⑤。

《江西省公共图书馆服务标准（试行）》中，图书排架应按中图法分类号顺序排列整齐。省图书馆开架图书错架率要低于 2%，设区市和区县图书馆要低于 3%。开架书库内要有专人巡视，帮助读者尽快寻找到需要的书籍⑥。

《北京市图书馆条例》第三十一条规定，文献信息资源建设应当统一规划，合理布局，分工协作，共建共享。第三十七条规定，文献信息资源的分类、编目要按照国家规定的标准进行。图书馆应当逐步建立文献信息资源目录数据库，实

① 江苏省文化厅. 江苏省公共图书馆管理办法（征求意见稿）[Z]. 2009.

② 湖北省人民代表大会常务委员会. 湖北省公共图书馆条例[Z]. 2001.

③ 河南省文化厅. 河南省公共图书馆工作规范（试行）[Z]. 2009.

④ 广西壮族自治区人民政府. 广西壮族自治区公共图书馆管理办法（修订稿）[Z]. 2002.

⑤ 深圳市人大常委会. 深圳经济特区公共图书馆条例（试行）[Z]. 1997；福田区人民政府. 深圳市福田区公共图书馆管理办法（试行）[Z]. 2006.

⑥ 江西省文化厅社文处. 江西省公共图书馆服务标准（试行）[Z]. 2008.

现计算机联网和目录的联合检索①。

《上海市公共图书馆管理办法》第十条规定，公共图书馆分为阅览用房、藏书库房、办公用房和其他用房。公共图书馆可以根据工作需要，开设图书、报刊、音像制品和电子出版物等阅览室②。

关于数字图书馆资源建设方面，在 2010 年 5 月由全国数字图书馆建设与服务联席会议制定的《数字图书馆资源建设指南》③第十条对信息资源组织与管理的相关规定，根据相关标准对资源进行组织与加工，注重对数字图书馆资源与传统载体资源的整合，建立传统馆藏和数字馆藏共同发展、互为补充的数字资源体系；利用必要的技术手段，对资源进行科学有效的管理，确保资源的安全可靠。

分析表 2.4，值得欣慰的是，多个地级公共图书馆对于信息资源组织与管理的规定仍具有一定的指导价值，但仍存在不少问题。

（1）对图书馆文献资源组织与管理的规定不够重视，主要表现在很少能将其单列一项，大部分规定都是将文献资源布局的规定放在“图书馆读者服务”这一大项下面，且往往把文献资源布局的规定嵌入其他相关条款中。对于文献资源的布局，这些法规内容还远远不够，不能指导图书馆合理地布局文献资源，需要更加丰富详细的补充。

（2）关于图书馆文献资源组织与管理的内容不够全面，公共图书馆资源管理的内容包括对文献资源的保存与保护、复选与剔除、布局等多方面内容，而现有的地方性公共图书馆法规并无全面介绍此类内容的款项。

（3）关于图书馆文献资源管理的规定的措辞过于笼统。例如，《广西壮族自治区公共图书馆管理办法（修订稿）》第十一条规定，公共图书馆的布局要求、馆舍面积、阅览座位和藏书量按有关规定执行。这里的“有关规定”就是模糊概念，这往往会导致该规范的执行力度不足。更甚者，往往摒弃了关于文献资源组织与管理的相关内容。

表 2.4　国内外公共图书馆法律法规关于信息资源组织管理的内容

国内外	地区	法律法规	信息资源组织管理的相关内容
国外	俄罗斯	俄罗斯图书馆法	保证为采购提供经费和妥善地保存国立和市立图书馆的藏书
		俄罗斯联邦图书馆事业法	根据程序、条例，从馆中剔除和出售文献资料。文献的保存和利用方法由现行法律规定
	印度	胡达巴赫什东方公共图书馆法	图书馆管理委员会可以根据自己的选择购买或者取得手稿、图书等

① 北京市人民代表大会常务委员会. 北京市图书馆条例[Z]. 2002.

② 上海市人民政府.上海市公共图书馆管理办法[J]. 新法规月刊，1997，（2）：42-46.

③ 全国数字图书馆建设与服务联席会议. 数字图书馆资源建设指南[Z]. 2010.

续表

国内外	地区	法律法规	信息资源组织管理的相关内容
国外	斯洛伐克	相关法律	确定斯洛伐克国家图书馆为国家图书馆和斯洛伐克数目研究中心，负责管理与保护历史文献
	美国	马萨诸塞州立法机构相关法律	规定波士顿公共图书馆承担开发、维护和存储具有研究性与档案性质的馆藏文献的任务，并且提供利用参考和研究馆藏资源的服务
		保藏图书馆计划	确保公众通过该法律获得基本的政府信息
		保藏图书馆法	规定每个州可设置两个地区性保藏图书馆，可定期剔除不必要的政府出版物
	澳大利亚	澳大利亚国家图书馆法	各级公共图书馆都必须按照各自的性质、任务及方向发展馆藏，各馆也会相应制定出不同时期的藏书发展政策，规划藏书体系
国内	江苏省	江苏省公共图书馆管理办法（征求意见稿）	侧重公共图书馆的阅读环境。采取多种方式为读者服务；实行开架或者半开架制度，提高文献信息资源利用率；并不断拓展服务领域
	湖北省	湖北省公共图书馆条例	应当公布服务事项和服务功能，实行开架或者半开架借阅，努力营造和维护良好的阅览环境，为读者利用文献资料提供服务
	河南省	河南省公共图书馆工作规范（试行）	各级公共图书馆在服务与管理中应体现人文关怀，营造良好的阅读环境，提供人性化、便利化的服务，实行开架借阅服务
	广西壮族自治区	广西壮族自治区公共图书馆管理办法（修订稿）	公共图书馆的布局要求、馆舍面积、阅览座位和藏书量按有关规定执行
	深圳市	深圳经济特区公共图书馆条例（试行）	采取开架的服务方式，并注意设计、营造和维护良好的读者阅读环境
		深圳市福田区公共图书馆管理办法	
	江西省	江西省公共图书馆服务标准（试行）	图书排架应按中图法分类号顺序排列整齐，开架书库内要有专人巡视
	北京市	北京市图书馆条例	文献信息资源的分类、编目要按照国家规定的标准进行。逐步建立文献信息资源目录数据库，实现计算机联网和目录的联合检索
	上海市	上海市公共图书馆管理办法	公共图书馆分为阅览用房、藏书库房、办公用房和其他用房。公共图书馆可以根据工作需要，开设图书、报刊、音像制品和电子出版物等阅览室

2.4　关于信息资源共建共享的规范

图书馆合作与资源共建共享是当今图书馆事业发展的趋势。现代信息技术的发展，极大地改变了信息的生产、存储、传递利用的方式，形成了一个全新的信息环境。在这个新的信息环境中，文献信息数量激增与图书馆有限收藏能力的矛盾加剧，信息需求的广泛性与图书馆满足需求的能力形成强烈的反差，单个图书馆独立建设馆藏的模式已不再适用，文献信息资源共建共享成为新的信息环境下图书馆的必然选择。

2.4.1　国外的相关规定

国际图书馆协会联合会（International Federation of Library Associations and Institutions，IFLA）早在 1976 年就提出了“出版物世界共享”（Universal Availability of Publications Core Activity，UAP）的规划，联合国教科文组织 1978 年将这一规划纳入该组织的计划之内，并再次重申了“实现全球文献资源共享”的目标①。因此，国家通过立法明确鼓励和支持图书馆合作和信息资源共建共享，要求加强对文献信息资源建设的统筹规划和整体布局，规定在文献资源建设中严格遵循国家制定的文献工作标准等，成为各国图书馆法及其相关法律法规的重要内容。

1901 年，美国图书馆在馆长普特南（Herbert Putnam）的领导下率先推出了馆际互借服务，由此揭开了图书馆文献资源共享的历程；1917 年美国图书馆协会正式推出《美国图书馆互借实施规则》，标志着图书馆史上第一个关于文献资源共享的法规出现。

《俄罗斯联邦图书馆事业法》在协调图书馆的相互关系中做了如下说明：国家鼓励图书馆资源的相互利用，为图书馆资源共享创造条件。鼓励图书馆开展馆际互借、组织联合目录、建立自动化数据库系统和贮存图书馆②。

加拿大的文献资源共享发展迅速。其中，加拿大的 The Biblicentre 图书馆联盟由政府资助，有 25 个大学图书馆参加。其主要功能是编目服务、电子内容许可、藏书资源共享、馆际互借、文献传递、电子内容提供、培训、联合目录与可共享的在线编目、远距离获取服务及网络课程服务和网络学习等。

北欧各国在各自法律体系中也对馆际合作及资源共享相关问题做了规定，如《丹麦图书馆法》的第一章第七条规定：全市的公共图书馆必须与市立学校的图书馆合作；相同的编目系统等必须适用于公共图书馆和学校图书馆。第二章第八条规定：政府鼓励各图书馆之间的合作，从而确保用户能便捷地获取各馆的信息资料③。

《芬兰图书馆法》的第三章第四条规定：公共图书馆必须与其他图书馆（包

---

① 蔡筱青. 图书馆立法与公共图书馆的发展[J]. 情报资料工作，2003，（5）：14-16.

② 金潞，孔兰兰. 国外公共图书馆法制建设及其对我国的启示——以美国、日本、韩国为例[J]. 图书馆建设，2010，（10）：34-37.

③ Act on Library Services—Denmark[EB/OL]. http://archive.ifla.org/V/cdoc/danish.htm，2011-02-23.

括研究性图书馆和教育机构的图书馆）共同合作，它们是整个国家图书馆信息服务甚至国际信息服务网络的组成部分；每个城市由当地市政府任命设立城市公共图书馆，其业务服务范围为全国；而各市馆与县馆之间必须共同合作，互为补充，为全国市民提供信息服务[①]。

《挪威图书馆法》第一章第三条规定：各个图书馆应该遵循馆际互借、书目登记、汇编统计资料和年度报告的相关标准。文化事务部可发布更详尽的规定。第二章规定：各市立图书馆要与其市立学校图书馆合作。第三章规定：县立图书馆应与其他县图书馆或机构合作以满足用户的跨馆借阅需求；县立图书馆可以通过单独或集体合作，从流动图书馆中直接外借资料；县立图书馆通过协议可以与一个或多个省市图书馆联合运作[②]。

《瑞典图书馆法》的第十章规定：由国家提供经费的县立图书馆、借阅中心、大学图书馆和学院图书馆、研究图书馆和其他图书馆应该免费开放他们的馆藏并与其他图书馆和学校图书馆合作，提供良好的图书馆服务[③]。

2.4.2 我国的相关规定

在我国，浙江、江苏、山东、湖北、河南、广西、内蒙古、乌鲁木齐、北京、上海、深圳和深圳福田区 12 省（自治区、直辖市）、市、区的地方图书馆行政法规或法律中关于信息资源建设与共建共享的基本现状是：12 部法规中除广西没有规定全区图书馆要进行业务协作，其余 11 部法规都做了相关规定。此外，9 部法规还规定了在省市区范围内共建图书馆网络，以实现资源共建共享[④]。可见信息资源共建共享受到了重视。下面举几个例子。

《江苏省公共图书馆管理办法（征求意见稿）》规定省图书馆是省人民政府设立的全省文献信息资源保障与服务中心，全省公共图书馆系统网络管理中心与业务协作协调中心……实施对全省图书馆从业人员的业务培训，指导全省图书馆学及相关学科的研究，组织指导全省文献信息资源的开发及服务。

《湖北省公共图书馆条例》第十七条规定，各级人民政府应当加强公共图书馆的自动化、网络化、数字化建设，逐步建立现代化图书馆网络，实现全省图书馆资源共享。省、市、州和有条件的县的公共图书馆，应当设立对外开放的电子

---

① Kekki K. Public libraries in Finland[EB/OL]. http://www.minedu.fi/export/sites/defau.lt/OPM/Julkaisut/1999/liitteet/public_libraries.pdf?lang=en，2011-02-23.

② The Norwegian Library Act within the public library sector[EB/OL]. http:www//ifla.org/v/cdoc/norway.htm，2011-09-06.

③ Act on Library Service-Sweden[EB/OL]. http:// archive.ifla.org/V/cdoc/danish.htm，2011-02-23.

④ 韩金，高波. 我国地方图书馆法规比较研究[J]. 图书馆论坛，2011，（6）：95-101.

阅览室和具有馆藏特色的网站，逐步建设成为数字化图书馆[①]。

《河南省公共图书馆工作规范（试行）》第七条规定，全省公共图书馆的文献信息资源建设应根据本地社会发展各个领域的需要，在原有藏书的基础上，本着分工协作、各具特色、合理布局、共建共享的原则，制定科学合理的文献信息资源建设方针，逐步建成全省公共图书馆文献信息资源保障体系。第十一条规定，各级公共图书馆应当加强自动化、网络化、数字化建设，实现图书馆业务自动化管理，建立现代化图书馆网络，实现全省图书馆资源共享[②]。

《数字图书馆资源建设指南》第八条的建设原则中规定，共建共享原则，即开展跨地域、跨系统的数字资源合作建设，建立优势互补、联合共享的数字资源保障体系。第十一条的建设策略中规定，按照共建共享原则，避免资源重复建设，提供已建资源的开放共享。

合作思想体现在规范中也是很有必要的。长久以来，我国图书馆管理者不同程度地受到官本位和重藏轻用思想的影响，领导意识有余，合作意识不足。当前，信息资源的加速增长与单个图书馆有限的收集处理能力的矛盾日益突出。目前我国文献重复订购率达 60%，而专业覆盖面不足 40%，文献满足率严重偏低。有鉴于此，合作共建成为唯一的选择。各馆之间的密切协作能使图书馆各尽所能，减少重复投资，还能加强抗风险能力。图书馆不仅要开展馆际合作，而且应积极参与跨行业合作。在当今的信息社会里，图书馆应以成为地区性图书馆网络节点之一为目标，核心馆发挥带头作用，其余馆本着平等互利原则加入。在制定信息资源建设规范时，就要为保证各馆的有效沟通和合作的持续稳定，在规范上提供支持和鼓励[③]。

我国在信息资源共享建设方面也一直在探索，尤其是网络环境下，计算机技术、通信技术及数据库技术在图书馆界的广泛应用，使信息资源共享的进展有了无限的可能性。虽然我国近些年在区域内、系统内或某一主题的资源共享取得了一定的成绩，如上海地区文献资源共建共享工程、1998 年启动的 CALIS（China Academic Library Information System，即中国高等教育文献保障系统）、2002 年启动的全国文化部门信息资源共享工程。但是，在各省政策规范上很少提到有关共建共享方面的要求。通过建立共建共享方面的规范，可以更好地鼓励各个图书馆之间开展共建共享活动。

我国的信息资源共享、图书馆区域合作在一些地区或某一系统内已有尝试，如上海地区文献资源共建共享协作网、广东珠江三角洲图书馆信息网、教育部

---

① 湖北省人民代表大会常务委员会. 湖北省公共图书馆条例[Z]. 2001.

② 河南省文化厅. 河南省公共图书馆工作规范（试行）[Z]. 2009.

③ 庄晓枯. 国外信息资源建设政策对我国图书馆的启示[J]. 四川图书馆学报，2012，（2）：97-100.

CALIS 项目、国家图书馆牵头正在实施的中国数字图书馆建设项目等。然而上述的合作极其有限，局限于某一地区、某一系统或某些业务范围。至于跨系统、跨行业、全方位的图书馆合作还没有实质性的进展。我们应该借鉴美国区域协作网的经验，如 Ohio Link 的图书馆合作模式，建立一个完全独立的中心系统，制定相关的合作协议，对基础业务进行标准化、规范化、集中化的处理，并通过网络环境实现各图书馆的合作。

协作团体是另一种共享模式。美国信息资源的共享依托于国内各种类型的图书馆协作团体。这些协作团体都是自发组织，主要以大学图书馆为中心，也包括了一些公共图书馆。虽然在当时这些图书馆协作体由于技术等原因没有达到理想的共享效果，但这些协作团体的出现为后来网络环境下信息资源的共享起到了奠基性的作用。因为它是介于市场配置和组织内配置之间的“第三态”的信息资源配置方式，同时也是一种介于政府行为与图书馆个体之间的“中间组织”形式。所以它的出现逐渐取代了以往的图书馆单干的局面，也避免了完全由政府包办的局限性，为新一代图书馆的信息资源共享奠定了组织基础。例如，今天的 OCLC（Ohio College Library Center，即俄亥俄大学图书馆中心），计算机网络就是在 OCLC 这一地区性的协作团体的基础上逐渐发展变化过来的。因此，可以说美国图书馆资源共享的发展离不开图书馆协作体的出现及其管理机制的建立和成熟。此外美国的图书馆协会和学会在组织和协调资源共建共享上起着重要的作用。例如，美国图书馆协会，它是美国图书馆界的专业组织，是一个根据明确的规划和程序进行工作的等级权力机构，有着正规化和层次化的组织结构与严格的规章制度，并依靠法律与政府发生关系，代替政府行使在本行业内的组织、管理和调控职能。统一的组织和协调，使美国形成了良好的资源共享体系。日本也是通过建立学术信息中心 NACSIS（National Center for Science Information Systems，即国家科学咨询系统中心）开展其资源共享工作的①。

中国目前有三大图书馆系统，即公共图书馆系统、科研图书馆系统、学校图书馆系统，这三个系统各有各的行政主管部门。文献信息资源共享工作还是以零散、局部、不规范、缓慢、重复方式进行。虽然有各种各样的协会、学会、工作委员会，但都不是具有行政职能的学术机构，没有强有力的政策、法制、法规，这种条块分割的管理制度最终使协调组织只可建议却无力控制，馆际互借多在系统或行业内进行。虽然 CALIS 在信息资源共享方面取得了一定的成绩，但对于全国性的信息资源共享工程来说这只是一个系统内的成功。所以我国图书馆必须克服保守思想，树立起分工协作的观念，如文献资源协调中心，可参照美国 Ohio Link 网络中心的模式，设董事会和顾问委员会，由政府统一拨款、采购数据库和

① 庄晓枯. 国外信息资源建设政策对我国图书馆的启示[J]. 四川图书馆学报，2012，（2）：97-100.

管理系统。另外为保证图书馆共享长期存在，需建设图书馆利用共同体，加快图书馆立法，实行集中管理。

综合上述规范和条例，在对信息资源共建共享的规定中应注意以下内容。

（1）要明确省图书馆承担本地区各类型图书馆文献资源共建共享的组织与协调的责任，包括文献资源共建共享政策与规划的制定、共建共享标准的确定和监督实施、共建共享活动的组织与调控、重大事件的决策程序、成员馆纠纷的仲裁、共建共享经费的预算等。

（2）应明确国家图书馆对全国文献资源共建共享的组织与协调责任；明确省图书馆对省域内各级各类图书馆文献资源共建共享的组织与协调责任。

（3）规定各图书馆有义务执行国家统一制定的有关文献资源编目、加工的技术标准。

（4）应当明确公共图书馆在文献资源建设中要注意保护知识产权，同时，也期望在知识产权方面赋予公共图书馆更多合理使用的权利。

第3章 公共图书馆信息资源建设规范理论

图书馆信息资源建设的概念有广义和狭义之分。狭义的信息资源建设，主要是指图书馆对信息资源的采集，以及围绕采集所开展的资源选择、资源购置（或资源自建）、资源的验收和加工工作，在本书中统称为“资源采集”，即传统所说的资源（馆藏）补充或资源（馆藏）采访的概念。本书采用的是广义的信息资源建设概念，是与“用户服务（读者工作）”相对应的概念。图书馆的所有业务工作，可以简单地分为“收藏”和“服务”两部分，即“藏”与“用”，因此，除了面向用户（读者）的服务工作之外的所有工作，都可以纳入“建设”的范畴，除“采集”之外，还应该包括“政策制定”“组织管理”“共建共享”等内容，是一个非常复杂但也非常系统的工程。因此，对信息资源建设及信息资源建设规范的研究，必须从理论研究入手，研究信息资源建设的理论基础、信息资源建设及工作的系统性、信息资源建设规范同其他法律规范的关系，以及规范在体例、约束力表达等方面的一系列理论问题。就理论层面而言，不同领域、不同类型图书馆的信息资源建设工作基本上是一致的，但由于公共图书馆面向社会、面向不同的群体、面向当地的实际情况，其社会功能除信息提供之外也更加强调社会教育、公共文化空间的营造，因此公共图书馆信息资源建设及建设规范的理论研究，就更加侧重公共图书馆信息资源建设系统性和特色化，在资源价值、资源发展等方面，也具有更深刻的内涵。

3.1 公共图书馆信息资源建设的理论基础

在信息时代，信息的海量增长拓宽了用户信息行为的范围，并为用户营造了一个全面、综合的信息环境，但与此同时，也呈现出庞杂无序、良莠不齐的现象，给社会带来了一定程度的“信息污染”，这就使基于信息资源建设的信息管理变得非常重要。信息资源是信息服务的物质基础，那么公共图书馆的信息资源建设就必然成为提供信息服务的前提，否则，信息服务就成无源之水、无本之木。信息资源建设作为一项复杂的系统工程，它必须要有理论来进行指导。公共图书馆信息资源建设的复杂性和特别性，使基础理论研究就更显迫切。

信息资源建设相关理论通常表述为支撑理论、基础理论、基本理论等，并且具有两大特征：一是理论涉及范围广。例如，系统论（system theory）是系统科学的哲学，资源配置理论属经济学理论，战略管理论属管理学理论等。二是理论数量多。信息资源建设是具有时代意义的，它是经过时间的推移、历史的沉淀演化而来的。从最早的藏书建设到文献资源建设再到信息资源建设，这期间历经由简到繁、由小到大、由局部到整体的逻辑嬗变。可以说，图书馆馆藏建设理论经历了书刊采访、藏书补充、藏书建设、文献资源建设等阶段，如今演进为信息资源建设，总体上不断自我超越，不断拓展前进，是一个高层次理论形态对低层次理论形态包容和扬弃的过程①。因此，信息资源建设相关理论囊括了其演变过程中每一阶段所蕴含的理论，数量也就随之变多。虽然信息资源建设相关理论涉及领域较广，数量偏多，但笔者认为这些理论是有类可聚、有律可循的。例如，藏书建设相关理论和信息资源建设相关理论、文献资源建设相关理论和信息资源建设相关理论等，它们是相互依存、相辅相成、互为支撑的。

本书选择“理论基础”的表达方式，在对各种相关观点做出归纳分析的基础上，认为信息资源建设相关理论归根结底都以信息资源价值理论（the value of information source theory）为逻辑起点、以系统论为统领性理论，并且均从属于三大方面，即从属于信息资源发展理论（information resources development theory）、信息资源配置理论（information resources allocation theory）和信息资源采集与组织理论（information resources collection and organization theory）。图 3.1 为系统论框架示意图，它用时间维、空间维和过程维三维结构来描述信息资源建设相关理论。

3.1.1　逻辑起点——信息资源价值理论

信息资源价值理论是信息资源建设相关理论“三维”框架的逻辑起点。这里所说的信息资源是狭义的概念，即将信息资源界定为是经过人类选择、组织和加工处理的有序化的各种媒介信息的集合②。一切信息资源都是有价值的，没有无用的信息资源，这正是研究信息资源建设的根本。价值本身是一个商品的经济范

① 顾蕾芬. 信息资源建设理论的演进历程[J]. 图书情报导刊，2006，（16）：106-107.

② 肖希明. 信息资源建设[M]. 武汉：武汉大学出版社，2008.

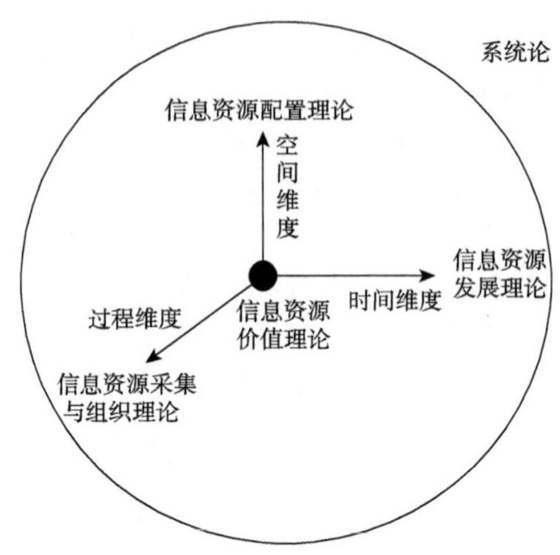

图 3.1　信息资源建设理论体系框架

畴，它是一般人类劳动的凝结，是指商品的社会属性。信息资源价值是把信息资源视为一种社会资源，一种特殊的商品。信息资源的特殊性表现在这几个方面：数量急剧增长，载体形式多样；内容重复交叉，分布广泛分散；信息繁杂无序，价值差异明显；信息老化加快，文献时效缩短；信息成为资源，竞争共享并存。因此，信息资源价值的衡量标准很难界定。国内外的许多学者也一直在不断努力地探索信息价值的测度问题，但目前依然没有达成共识。虽然如此，但信息资源具有价值却是一个不争的事实。本书认为，信息资源作为一种特殊的商品，其价格是以其实效性为依据，是人们为满足需求而进行社会实践时所体现出来的，因而信息资源价值的实现过程是具有主观能动性的。进行信息资源建设应当致力于开发信息资源的潜在价值，充分利用信息资源的现实价值，其最终旨归是追求信息资源价值社会实现的最大化。

早在 20 世纪 20 年代末到 30 年代初，近代图书馆刚从封建藏书楼、寺庙及经院图书馆脱胎出来，印度图书馆学家阮冈纳赞（S. R. Ranganathan）深感其工作缺乏整体性、全局观，各工作环节缺乏联系，需要有一个理论、方针作指导，以改变凭经验办事的局面，于 1931 年出版了《图书馆学五定律》（*The Five Laws of Library Science*）——书是为了用的，每个读者有其书，每本书有其读者，节省读者的时间，图书馆是一个生长着的有机体[①]。之后，美国学者戈曼（M. Gorman）于 1995 年出版《未来图书馆：梦想、狂想与现实》（*Future Libraries: Dreams Madnessand Reality*）一书，提出“图书馆新五律”（Five New Laws of

① 阮冈纳赞. 图书馆学五定律[M]. 夏云，译. 北京：书目文献出版社，1988.

Librarianship）[①]。戈氏着重以当今图书馆及其未来发展趋势为背景，对阮氏五定律进行了全面修正，提出“图书馆新律”：第一定律，图书馆服务于人类文化素质；第二定律，掌握各种知识传播方式；第三定律，明智地采用科学技术，提高服务质量；第四定律，确保知识的自由存取；第五定律，尊重过去，开创未来。同阮冈纳赞的“图书馆学五定律”相比，新五定律更侧重于理论的覆盖，即从图书馆领域扩展到信息资源建设领域。本书认为信息资源价值理论同样具有五方面的含义，即一切信息资源都是有用的，没有无用的信息资源；一切信息资源都是为了用的；人人享有自由平等地利用信息资源的权利；用户对信息资源的一切需求都是正确的；信息资源系统是一个不断发展变化的有机体。

3.1.2　统领性理论——系统论

系统论是整个信息资源建设相关理论的统领性理论。系统论是由美籍奥地利人、理论生物学家贝塔朗菲（L. Von. Bertalanffy）创立的。信息资源建设是一项复杂的系统工程。系统工程就是用系统的观点来分析和解决问题。所谓系统的观点，就是不着眼于个别要素的优良与否，而是把一个系统内部的各个环节、各个部分，把一个系统的内部和外部环境都看成是相互联系、相互影响、相互制约着的综合体，从整体上追求系统的功能最优[②]。系统论具有的整体性、联系性、有序性和动态性无一不对信息资源建设起着重要作用。

首先，整体性是指系统具有整体目标和整体功能，其系统在整体水平上的性质和功能要大于其组成部分孤立状态时性质和功能的相加。信息资源建设的目的在于发挥信息资源的最大效用。要建设并充分发挥信息资源整体系统的功能，关键在于各级各类信息机构要统筹兼顾，科学规划，资源共享，朝着整体化的方向发展。它的要求是必须建立信息资源保障体系，该体系须有明确目标，能保证系统整体的最优化，其运行须与社会环境相适应。我国信息资源保障体系的总体目标就是尽可能完整地收集国内外文献资料，能够方便快捷地获取分布在全球的信息资源，最大限度地满足整个社会的信息需求。其次，联系性是指系统内各要素之间存在相互制约、相互影响、相互依存的关系，通过各要素之间的相互联系，系统才能体现出其运动的规律性和合理性。而系统中各要素之间的相互联系就是系统的结构，系统的结构决定着系统的功能。因此，相关性为信息资源结构研究奠定了理论基础。再次，有序性是指系统内各要素的地位及相互间的关系都有一定的秩序，系统的变化、发展不是随意的，而是

① 黄俊贵. 图书馆原理略论——从阮冈纳赞五定律及戈曼新五定律说起[J]. 中国图书馆学报，2001，（2）：5-10.

② 黄梯云. 管理信息系统[M]. 北京：高等教育出版社，2009.

受系统内外各种因素的影响、限制，依据一定的规律而变化。信息资源组织就是对信息资源进行序化或整序，因此，它对信息资源组织具有理论指导作用。最后，动态性是指系统是层次结构复杂及不断变化着的有机体。信息资源建设过程就是使该系统尽可能处于动态平衡的过程，由于信息资源的特殊性，信息资源建设必须适应社会不断变化的信息需求。

总之，系统理论一方面为信息资源建设提供了价值论依据，即共建共享就是要充分发挥信息资源建设系统的功能放大作用，使系统的整体功能大于各子系统的功能之和；另一方面，也为信息资源建设提供了方法论依据，即要牢牢立足建设的整体目标，将建设观念由自给自足转变为共建共享，充分发挥和合理调配各建设单位的资源优势和建设优势，将各文献信息机构从一个个封闭的、自我满足的建设系统融入一个开放的、共通的信息资源建设大系统①。

3.1.3 “三维结构”分析

1. 时间维——信息资源发展理论

信息资源发展理论从时间维度来组织信息资源建设相关理论。信息资源发展阶段及其形式是信息资源建设所考虑的核心因素。

发展是物质的根本属性，其本质是新事物的产生和旧事物的灭亡，即新事物替代旧事物。信息资源是不断发展着的，是随着时间的推移而不断变化着的。并且与其他资源相比而言，时效性表现得更加明显。一条及时的信息可能价值连城，而过时的信息可能一文不值②。因此信息资源发展可以说是信息资源建设的“时间脉络导航”。

我们可以发现信息生命周期理论［知识生命周期理论（knowledge life cycle theory）］、文献老化理论（literature aging theory）、零增长理论（zero-growth theory）、信息资源剔除理论（information resources eliminate theory）、贮存图书馆理论（depository library theory）等都是由于信息资源随时间的变化而发展产生的，它们均从属于信息资源发展理论，都是以发展的角度来论述信息资源，从而指导信息资源建设。

1）信息生命周期理论（知识生命周期理论）与信息资源建设

信息生命周期（information life cycle）即知识生命周期理论作为一种学术概念较早出现于信息管理领域。1981 年，列维坦（K. B. Levitan）提出信息（或信息资源）是一种“特殊商品”，具有信息生产、组织、维护、增长和分配的特征。泰勒将信息生命周期分为数据、信息、被了解的知识、生产性知识和实际行

① 金胜勇. 基于共建共享的文献信息资源建设理论构建[J]. 中国图书馆学报，2006，（4）：72-75.

② 肖希明. 信息资源建设[M]. 武汉：武汉大学出版社，2008.

动五个阶段。信息的每一次跨越，都离不开人类对信息的组织、利用等活动。与信息生命周期相似的还有依据知识所处的不同阶段采取相应的知识管理策略来实现知识生命周期的动态管理，密切关注新知识的发展和已有知识的生命周期可以使信息资源建设紧跟时代发展并永葆活力。

2）文献老化理论与信息资源建设

文献老化理论是从知识生命周期演化而来的。文献在产生或者出版后，随着其“年龄”的增长，由于各种主、客观因素的影响，其内容的价值逐渐降低，从而利用率越来越低①。进一步研究文献老化的各项数据，对指导文献资源剔旧和优化馆藏有着非常重要的现实意义。

3）零增长理论与信息资源建设

零增长理论就是要求建立有限规模的图书馆，在图书馆达到一个可靠的目标（馆藏量、功能等指标）之后，剔除馆藏文献的速度应当等同于购进文献的速度，可以指导图书馆使其收藏的文献总量保持一种相对稳定的状态②。

4）信息资源剔除理论与信息资源建设

信息资源剔除理论是指有计划、有选择、有针对性地对长期滞留在书库中，读者用、不用的书刊资料进行鉴别、整理、分类、处理。它可以使馆藏文献更加有效运作，提高图书馆信息资源建设水平，优化图书馆馆藏结构，活化信息资源建设体系，高效地满足读者的需求。

5）贮存图书馆理论与信息资源建设

贮存图书馆理论有利于缓解图书馆收藏空间的紧张状态，从而提高图书馆的利用空间；有利于充分发挥利用率低的信息资源的价值，提高馆藏信息资源的利用率；有利于完整地保存具有潜在价值的信息资源，满足图书馆用户的特殊需求。

2. 空间维——信息资源配置理论

信息资源配置理论从空间维度来组织信息资源建设相关理论。信息资源配置问题是信息资源建设要解决的主要问题。

配置即安排，信息资源配置无疑属于资源配置的范畴。资源配置是指对相应稀缺的资源在各种不同用途上加以比较做出的选择，其所关注的主题是效率、最优化及可持续，即合理地安排。相比人们的需求而言，资源总是表现出相对的稀缺性，从而要求人们对资源进行合理配置，以便用最少的资源耗费获取最佳的效益。从经济学的角度来看，信息资源是一种重要的经济资源。信息资源建设的实质就是通过一定的调控手段，实现社会信息资源的合理配置，以取得最大的经

---

① 徐恩元，徐建华. 文献老化理论研究[J]. 四川图书馆学报，2006，（6）：63-67.

② 徐恩元. 零增长理论研究[J]. 四川图书馆学报，2005，（4）：9-13.

济、社会效益[①]。因此，我们在信息资源建设过程中，也应注意核心资源与一般资源的划分。以前，我国的信息资源配置中普遍存在着“大而全”“小而全”的思想，重数量，重拥有，轻利用率，使信息资源配置呈现综合化走向。而今在现代信息技术的大环境下，信息资源的跨时空传递、信息资源共享得以实现，用户能够方便、快捷地利用信息资源，特色化成为信息机构收藏信息资源内容的发展趋势。因此，我们应将特色化作为信息资源配置的重点，信息服务机构各具特色，而各个信息服务机构又形成系统，避免重复交叉。

我们可以发现资源配置理论（resource allocation theory）、信息资源结构理论（structure of information resources theory）、长尾理论（long tail theory）、存取与拥有理论（access versus owership theory）、布拉德福定律（Bradford’s Law）、完整的学科拼图（complete discipline puzzles）等均从属于信息资源配置理论，它们都是以空间的角度来论述信息资源，从而指导信息资源建设。

1）资源配置理论与信息资源建设

资源配置常指资源优化配置，有助于协调区域间、部门间信息资源的分布状况，有助于平衡信息资源的供求关系，避免出现资源短缺和闲置，使不同空间的信息用户能够顺利获取他们所需要的信息资源。

2）信息资源结构理论与信息资源建设

信息资源结构出自图书馆领域，是信息资源建设中极为重要的问题。信息资源结构规划的合理程度对于把握信息资源配置的适度水平非常重要，因为图书馆信息资源是一个系统，而这个系统功能的发挥，不仅取决于系统的组成要素，即各种成分信息资源的质量，还取决于这些资源的构成、组合状况，即信息资源结构的合理程度。

3）长尾理论与信息资源建设

长尾理论对信息资源建设和用户服务领域的影响，无疑是标新立异的。该理论颠覆了以往强调核心资源和重点资源的建设理念的理论，转而倡导对“尾端”信息需求的满足，这就要求建设更多的“非核心”资源，以实现对这些小份额的“信息需求市场”的占领，即要注重那些利用率不高的“尾巴”资源的建设和用户个性化需求的满足[②]。

4）存取与拥有理论和信息资源建设

存取与拥有理论是一种在图书馆信息资源建设与服务中处理“拥有”馆藏信息资源和“存取”馆外信息资源之间关系的理论。虽然学者专家对于存取与拥有的观点莫衷一是，但相关研究都是为了信息资源的有效利用，为了信息资源建设

---

① 肖希明. 信息资源建设[M]. 武汉：武汉大学出版社，2008.

② 金胜勇，李晓娜. 图书馆信息资源建设适度水平相关理论[J]. 图书馆，2012，（3）：30-33.

的可持续发展。

5）布拉德福定律与信息资源建设

研究布拉德福定律，掌握文献分布的特点，对信息资源建设具有重要意义。例如，在文献信息采集工作中，如果紧紧跟踪本学科研究领域的核心作者，盯住核心期刊，瞄准核心文献，就能以有限的经费获得高质量的文献信息，开发利用信息资源的效率也会事半功倍。

6）完整的学科拼图与信息资源建设

完整的学科拼图是指信息资源系统合力建设并自由共享完整而不重复的信息资源体系。据此我们可以在信息资源建设上面花费最小成本且获得最大利益，即实现信息资源价值最大化。

3. 过程维——信息资源采集与组织理论

信息资源采集与组织理论从过程维度来组织信息资源建设相关理论。信息资源采集与组织是信息资源建设的基础环节。

采集是指一种有着确定方向、明确目的的采撷和记录、收集材料的行为活动。信息资源采集是指根据已确定的信息资源体系的基本模式，通过各种途径采集信息资源以建立信息资源体系；组织即安排分散的事物使其具有一定系统性或整体。信息资源组织是指为了实现图书馆及相关信息机构有效保存和积极利用信息资源，而对信息资源进行序化、布局及科学管理的过程。信息资源采集与组织理论的意义在于使图书馆及相关信息机构的信息资源始终保持良好的结构状态和可持续发展的生命力。

本书发现文献采访理论（theory of literature interview）、信息资源选择理论（information resources election theory）、信息生态理论（information Ecology theory）、战略管理理论（strategic management theory）、信息资源建设（information resource development）原则等均从属于信息资源采集与组织理论，它们都是以过程的角度来论述信息资源，从而指导信息资源建设。

1）文献采访理论与信息资源建设

无论是中国古代图书采访理论，还是当代中国文献采访理论，都对信息资源建设工作起着重要作用。我国古代比较系统的藏书建设理论与方法在宋代才开始形成，而又尤以明清时期的私人藏书家的著述影响最大。由于私人藏书家有关藏书建设的理论与方法为其毕生经验之总结，也有些颇为真知灼见，因而备受后世藏书家的尊崇和仿效，甚至被称为“经典”。当代图书文献数量庞大，类型复杂，学科广泛，出版发行分散多头，有商品性的，有交流性的，有公开的，有内部的。因此，信息资源采集须采用多种渠道、途径和方法。当代中国文献采访理论正是基于此而形成的。总之，科学的信息资源采集是获得高质量、高效用信息资源的保证。

2）信息资源选择理论与信息资源建设

信息资源选择是对查寻过程和查询结果的优化。现代人类生活在一个信息泛滥的时代，许多人都有一种“信息超载”之感。到达他们手中的信息，多得已使他们自己无法进行及时、有效的处理，从而妨碍了决策的效率和效果。因此，现在人们不再想从更多的信息源获得更多的信息，而是强调信息的针对性和适用性，即要求加强信息服务和信息活动的选择性。信息资源选择对实现信息资源价值并提供更完善的信息服务起着重大作用。过去的信息资源服务研究侧重于信息传递功能的研究，而忽视了信息服务最具有本质意义的选择功能，但随着信息技术的发展和信息数量的剧增，人们越来越受到信息选择的困惑，用户的信息需求亦越来越专门化、综合化乃至知识化，信息资源选择显得尤为重要。奈斯比特指出：信息社会发展到今天，一个很大的变化，就是信息由存贮和提供变为信息选择。信息服务的功能越来越多地体现在整合信息资源，为信息需求者提供高效率的信息获取途径和方法，帮助需求者提高信息的分析判断能力。

3）信息生态理论与信息资源建设

信息生态的核心并非技术，而是技术所服务的人类。信息生态学是用生态学理论来管理信息的一种新思维。信息生态学就是以人为中心的生态管理。其基本点是把人放回到信息环境的中心位置，而把技术推到它适当的位置即外围。信息生态理论强调系统与外界的信息交换，强调系统中各个组成部分的关系和相互影响，强调系统的进化思想。进行信息资源建设就是以用户为中心，使用户利用信息最大化，提升用户满意度。因此，在建设过程中，我们应注意信息资源整个系统中各个要素的相互联系和相互影响，使之朝着正确的方向前进。

4）战略管理理论与信息资源建设

战略管理是企业为适应充满危机和不断变化的动荡环境，谋求其生存发展，并获取竞争优势而引入的一个概念，将其应用到信息资源建设领域也具有一定的现实意义。例如，最具代表性的波特（Poter）竞争战略理论可以让我们从不同角度了解公共图书馆信息资源建设的方方面面，从而指导图书馆进行根本性和长远性的规划，建立本馆的核心竞争力并提供优质的服务，采取有效的竞争战略来赢得读者的满意。

5）信息资源建设原则

效益性原则、协调性原则、规范化原则、特色化原则和共建共享原则是指导我们进行信息资源建设的原则，是我们进行信息资源建设过程中的“标尺”。

（1）效益性原则与信息资源建设。

信息资源是人类社会生存与发展过程中被物化了的巨大的知识财富，在市场经济条件下，既要考虑社会效益也要讲经济效益，让两者有机结合，通过满足社会的信息资源需求将信息资源转化为社会效益和经济效益，降低成本、节省时间，追求整体效率，在保证信息资源完整的同时又提高信息资源的利用率，以期最大限度地满足用户的需求，这样才能发挥信息资源建设的作用。

（2）协调性原则与信息资源建设。

信息资源建设本身就是相互合作、协调发展的过程，协调性能够依据图书情报机构的任务与服务对象以及整个社会的信息资源需求，系统地规划、选择、收集、组织管理信息资源。它促使图书馆放开眼界，面向社会，致力于社会整体信息资源工作，加强社会信息资源的一体化建设，强调信息资源的合理分布，便于形成有层次的信息资源保障体系，使社会整体的信息资源需求得到充分的满足。

（3）规范化原则与信息资源建设。

进行信息资源建设时，数字图书馆作为基于网络环境提供数字信息资源和服务的系统机制，需要建立和遵循关于数字化加工、资源描述、资源组织、资源互操作和资源服务等方面的标准和规范，需要采用和遵循内容编码、数据通信、计算机系统、安全、管理、知识产权、服务运营等方面的标准和规范，才能保证信息资源和服务的可使用性、互操作性和可持续性①。信息资源共享目标实现必须明确将标准化作为制度引导、推动和保障，才能有效地克服图书馆之间的数据不能有效地衔接，网络交流受到严重的限制，及时性差等共享障碍。

（4）特色化原则与信息资源建设。

信息资源建设特色化是将社会整体的信息资源进行地域的、学科的、系统的合理分布，在统一规划的基础上建立单个有特色的馆藏，并依靠其特色来发挥信息资源的优势，并且同时可以节省经费，又避免了重复收藏，从而更加有效地为用户服务。

（5）共建共享原则与信息资源建设。

信息资源建设的最终目标是信息资源共享，而资源共享是建立在协作共建、互惠互利的基础之上的。现在实际情况是，对于数字化信息资源的组织，各行各业以及图书信息机构都是各行其是，各自独立地重复建设，其结果必然是成本高昂，浪费惊人。因此，各行各业的信息资源建设应进行联合协作、整体规划，共同建设，信息资源系统的各个子系统开展广泛合作，共同开发利用信息资源，以最终满足用户信息资源需求。

综上所述，信息资源建设相关理论在不同角度均对公共图书馆信息资源建设工作具有一定的指导意义。

---

① 金胜勇，苏娜. 关于信息资源共建共享误读之辨析[J]. 情报理论与实践，2007，（2）：185-187.

3.2 信息资源建设工作的系统性

目前，已经出现了针对信息资源建设某一具体领域的标准或规范文件。例如，我国为加强图书馆文献采访工作管理，规范文献采访工作操作，为提高文献采访质量制定了《图书馆文献采访工作规范》，但一个完整又独立的信息资源建设规范文本还没有出台①。这种状况的出现表明了我们在制定该规范的过程中缺乏系统性研究。然而，一个完整的规范能推动信息资源建设理论体系的发展和完善，能对图书馆的信息资源建设工作起到很好的规范和指导作用。因此，工作人员在制定信息资源建设规范文本的过程中，除了吸取已经出台的有关图书馆规范的各种经验，还应该加强信息资源建设过程所涉及各方面的系统联系，全面系统地揭示科学管理对信息资源建设工作的要求。

所谓系统，是“由相互联系相互依赖的若干组成部分结合而成的具有特定功能的有机整体”，而这个“系统”本身又是它所从属的更大系统的组成部分②。公共图书馆信息资源建设规范所涉及的各方面内容是一个有机整体，而不是各部分之间的简单组合，因此，规范的系统性应该是本书的重要内容。目前，公共图书馆信息资源建设规范的相关内容多是散见于各种图书馆标准文件中，所规范的范畴往往是关于信息资源补充（采访）或有关信息资源硬件建设的，对于信息资源组织特别是传统文献信息资源的布局、典藏等环节缺乏指导，还没有做到把规范所涉及的内容作为一个有机整体，从而出台一个完整、系统的有关公共图书馆信息资源建设规范的文件。本书将分别从以下几方面研究信息资源建设规范的系统性。

3.2.1 信息资源建设各业务环节的系统性

1）信息资源发展政策制定

公共图书馆信息资源发展政策制定的目的在于为图书馆信息资源建设提供宏观指导；为图书馆信息资源建设提供标准和规范；为信息资源共建共享提供依据。信息资源发展政策在信息资源建设各业务环节中起指导作用。制定信息资源发展政策的主要原因是形成规范的、稳定、全面的章程，避免信息资源建设因为个别事件或个人因素而随意变化。因此，规范信息资源发展政策的制定尤为重要。

信息资源发展政策的制定规范应反映信息资源发展政策的通用框架和主要内

① 中国图书馆学会建设委员会. 图书馆文献采访工作规范[Z]. 2010.

② 肖希明. 信息资源建设[M]. 武汉：武汉大学出版社，2008.

容，包括信息资源发展政策制定的程序、政策内容、资源总量和馆藏结构。在信息资源发展政策的制定规范中，首先应提出，每个图书馆都应该有自己的信息资源发展政策以支持馆藏发展，且需要由图书馆理事会通过。信息资源发展政策应与图书馆战略规划保持一致，且及时、定期更新。信息资源发展政策应该包括用户服务声明、馆藏目的和参数、预算、采访、馆藏评估、剔除、捐赠、资源共享和馆藏管理及信息资源建设的经费分配等。

2）信息资源的采集

信息资源的采集是信息资源建设中最重要的环节，因此各级公共图书馆应根据本馆的性质、任务、经费、读者对象等认真制定本馆的信息资源采集规范，保证馆藏信息资源建设的完整性和系统性。在信息资源采集过程中应坚持可靠性、完整性、实时性、易用性等原则，力求做到信息的价值性与用户的需求性相结合。信息资源采集可规范的内容包括信息资源建设的总原则、信息资源采购政策的制定原则及其编制的步骤与方法、信息资源的用户需求评估、图书馆信息资源结构的构成、信息资源采集方式、信息资源采集工作流程、信息资源预算管理、信息资源采集人员行为和培训等。其中，按信息资源结构的构成进行规范应分为印刷型信息资源采集规范和数字资源采集规范，按信息资源采集方式进行规范应分为购买方式采集和非购买方式采集。

3）信息资源的组织管理

图书馆信息资源的组织管理是图书馆信息资源建设的基本环节之一。它是将图书馆收集并加工的文献，按照一定的要求，进行合理的布局、排列及科学的管理，使馆藏文献与读者需求能在恰当的地方得到相互沟通并有序结合，从而达到对馆藏文献积极利用和有效保存的目的。图书馆科学的信息资源体系不仅依赖于对信息资源进行长期的补充，而且还有赖于对已获取的信息资源进行科学合理的组织与管理。信息资源的组织与管理是图书馆信息资源建设的重要环节，这一环节是信息资源建设工作目标实现的关键。图书馆信息资源建设的主要任务就是使信息资源由无序变为有序化，而信息资源的组织与管理的目的就是将无序状态下的文献通过一定的规则组织成有序的信息资源，并保持信息资源序列的最佳化。由此可知，提高图书馆信息资源质量和建立科学的信息资源体系，规范信息资源的组织与管理工作是很有必要的。

信息资源组织管理规范的内容应涉及：编目工作，编目自动化系统的选择，编目外包，信息资源著录规范，网络信息资源的开发与组织方式，人员要求与再教育，自动化管理系统的选择，馆藏资源的保存、保护、布局、排架、典藏、清点、复选、剔除等工作。

在体制上，公共图书馆首先应加入“全国图书馆联合编目中心”，同时建立以省图书馆为核心成员馆的全省公共图书馆联合编目中心，实现实体成员馆之间的联合采购、联合检索与馆际互借等，以便更好地确保网络环境中编目著录工作的一致性、标准化、规范化。

总之，公共图书馆信息资源建设规范所涉及的范畴不应局限于信息资源补充（采访），或有关信息资源硬件建设即传统的文献资源建设，而应在其基础上对宏观信息资源建设工作各个环节，即对信息资源发展政策制定、信息资源的采集、信息资源的组织管理等进行规范指导。在制定规范的过程中，应该把信息资源建设各业务环节看成统一的整体，需做到每个业务环节都能在整个信息资源建设工作流程中起到承上或启下的作用。

3.2.2 信息资源建设工作同其他公共图书馆要素之间的系统性

信息资源建设是一个复杂的过程，在制定公共图书馆信息资源建设规范过程中要明确提出对工作人员、经费、设施、技术应用等与信息资源建设工作息息相关的各方面的规范要求，同时还要体现出公共图书馆与其他信息资源机构的不同之处。

1）信息资源建设与工作人员

在信息资源建设规范中，应提出对工作人员数量、知识结构和职称的要求，以确保信息资源建设工作的顺利进行。公共图书馆信息资源建设工作人员数量的确定，应以本馆信息资源的数量为依据，还应兼顾所辖区服务人数、馆舍规模、年度读者服务量等因素，应根据信息资源建设需要，配备数量适宜的工作人员以服务于信息资源建设。从事信息资源建设的工作人员必须具有图书馆学（或图书情报专业）、信息资源管理、计算机管理与应用等相关学科专业背景或具有专门的图书情报专业业务培训经历，图书馆信息资源建设人员的学历层次结构不低于图书馆学历层次结构的平均水平。从事信息资源建设工作的馆员必须具有图书资料系列技术职称，信息资源建设工作职称结构应不低于图书馆其他工作职称结构的平均水平。公共图书馆应设立专职信息资源建设部门，配备信息资源建设人员负责信息资源的采访、编目、组织、典藏、管理等工作。

2）信息资源建设与经费分配

科学分配经费和高效使用经费，是公共图书馆信息资源建设的重要原则，也是保证馆藏资源结构体系科学化、系统化，充分满足读者需求、科研需要的关键之一。因此信息资源建设规范要明确提出信息资源建设的经费来源、数量及使用管理情况。公共图书馆信息资源建设经费结构应包括信息资源的购买、自建、管理、使用、维护等，信息资源建设人员培训经费则不由资源建设经费负责。公共图书馆信息资源建设经费应采用国家立法专项拨款的方式对公共图书馆发展进行资金援助，并由此带动省市级政府的配套拨款。公共图书馆信息资源建设经费的增长幅度应不低于或高于当地财政收入的增幅。公共图书馆应建立信息资源建设经费保障机制，主要职责是明确政府对公共图书馆的拨款责任，拨款具体数量，资金的管理分配和监督机构，获得拨款的条件，资金的分配方式与资金的使用方式①。各公共图书馆应根据信息资源建设政策发展和信息需求不同，合理制定本馆信息资源建设经费预算规划和经费使用方案。公共图书馆信息资源建设经费的使用必须符合本馆财务制度的有关规定，公共图书馆还可以成立专门的监督部门或者设立专任监督职位，监管审核信息资源建设经费的使用情况。

3）信息资源建设与技术设施

公共图书馆应当加强自动化、网络化、数字化建设，实现图书馆业务自动化管理，建立现代化图书馆网络，实现图书馆资源共享，为用户提供完全可靠的服务。图书馆应当逐步配置计算机与网络设备，视听、缩微、复制设备，文献信息资源利用和保护等设备，完善信息网络系统建设，满足读者需要。但目前，图书馆经费基本依靠政府财政供给。图书馆不应一味追求奢华的硬件设施。对于资金并不充裕的图书馆来说，利用政府经费多引进一些价格适中且能满足更多大众需求的设施，其意义更大。现代化的硬件设施也需要图书馆提供的服务方式、服务理念现代化，才能提高对用户的吸引力。

因此，公共图书馆信息资源建设规范应对图书馆配套设施的配备进行规范：①图书馆应根据服务人口的数量配备相应数量的计算机终端，用以检索图书馆目录、电子资源及上网；②图书馆要有集成系统或者是共享的集成系统的一部分；③图书馆要有高速的网络连接用以信息资源的共建共享，可能的情况下，还要提供公共无线网络；④图书馆要有自动化管理系统、典藏设备、查重设备、图书馆自助借还系统；⑤图书馆应该提供相应的视听设施供用户阅读视听文献，包括计算机或传统的视听工具；⑥图书馆应配备防火、防盗、防潮、防有害生物等必要设施，做好信息资源的安全保护工作；⑦图书馆有指定的为儿童和家庭使用的空间，空间要配有阅读材料、家具及为儿童和残疾人设计的设施；⑧图书馆为用户使用图书馆的馆藏、目录和其他服务设置明显的提示标识；⑨图书馆建筑和家具要满足有关法律法规中对残疾人的相关规定；⑩图书馆要提供应急设备；⑪图书馆的照明标准要符合标准。

3.2.3　信息资源建设工作与用户服务的系统性

公共图书馆用户服务工作的开展必须依赖于信息资源的支持。美国国会图书馆 2008~2013 财政年度战略规划在用户服务方面确定的总体思路是改进馆内和馆外用户无缝发现和利用图书馆资源的能力，并为此提出了三大目标和七大战略。三大目标是：①以最小的努力，改进用户在需要时获取所需信息的能力；②改进图书馆资源的利用，保持学术、教育和公共政策实施过程中的信息畅通；③加强

① 吴洪珺，冯守仁. 公共图书馆经费保障机制研究[J]. 中国图书馆学报，2010，（3）：12-18.

对图书馆数字资源的利用，促进知识的传播和全世界更好的认知。七大战略是：①提供满足或超越已有标准和最佳实践的产品和服务；②维护学术的客观性和公正性的最高标准；③创建和及时传递文献产品服务和经验，以满足不断增长的用户的期望；④利用图书馆资源对知识进行深度挖掘以支撑公共决策过程；⑤实现对图书馆知识资源（无论是在线的还是馆内的）的无缝获取；⑥提供和促进对信息的获取；⑦重新思考和重新设计用户交互[①]。因此公共图书馆在制定信息资源建设规范中应该充分掌握用户的信息需求情况，克服信息资源建设的盲目性，加强针对性，建立科学、合理的信息资源体系。在制定信息资源建设规范的过程中应参照以下要求。

1）继续强化印刷型文献资源的建设

对我国公共图书馆大多数读者（用户）而言，阅读、浏览印刷型文献依然是获取信息、积累知识的主要方式。因此，图书馆必须继续加强印刷型文献资源的建设，不断丰富印刷型馆藏文献信息资源。事实证明，印刷型文献不仅过去是公共图书馆馆藏文献的主体，而且在目前和可以预见的将来仍将是读者用户最常用以及最喜爱的文献类型。因此，在当今电子出版物、数字化信息越来越多的情况下，图书馆不仅不能忽略和削弱具有独特优势的传统的印刷型文献资源的建设，反而更应义无反顾地继续将其作为一个重点来加以建设。

2）积极开发数字资源

在信息技术不断发展的形势下，图书馆的信息资源建设也必须与时俱进。仅仅依靠传统文献资源不能满足用户的多元化需求，因而就不能很好地开展用户服务。图书馆必须利用先进的技术，建设并优化高质量的数字资源。图书馆数字资源的建设应该以用户需求为导向，从以下三个方面来进行：①建立馆藏书目数据库，将自己有特色的馆藏资源数字化，建立特色数据库；②根据用户的需要建立学科导航系统和资源指引库，为用户提供网上信息的链接服务；③有选择地购买国内外文献数据库，把它作为一种新型的信息媒体类型纳入信息资源的采访范围。

3）建立满足用户需求的全方位信息资源保障模式

随着文献数量的激增与网络环境带来的信息的海量和无序，任何一个公共图书馆都不可能做到信息资源的自给自足，必须依靠整个社会信息服务系统，成为统一整体的一部分。公共图书馆应制定科学的信息政策和信息资源发展规划，加强与其他公共图书馆及信息服务机构的分工与协作，进行信息资源的协调采购、共建共享、联合保障。其具体的建设途径包括：①建立各具特色的馆藏体系，实行分工收藏，从而建立分布合理、保障有效的文献信息资源体系；

① 初景利，吴冬曼. 图书馆发展趋势调研报告（三）：资源建设和用户服务[J]. 国家图书馆学刊，2010，（3）：3-9.

②开展联合编目，共建联合目录数据库，共享书目数据资源，最大限度地节省人力资源；③合作进行馆藏文献数字化，集中技术优势，为建设网上资源打下基础；④充分利用网络开展服务，各公共图书馆及时发布本馆信息，相互提供网上预约外借、文献传递及参考咨询等服务；⑤加强馆际互借业务，制定本系统、本地区馆际互借协议。

3.3　公共图书馆信息资源建设规范同其他标准或法规的关系

关于公共图书馆方面的标准或法规，我国目前已经出台或使用的有“县以上公共图书馆第五次评估定级标准”、《公共图书馆建设标准》《公共图书馆服务规范》《公共图书馆建设用地指标》《图书馆文献采访工作规范》以及《河南省公共图书馆工作规范（试行）》等，将这些或成熟，或需完善的标准和规范与所要拟定的公共图书馆信息资源建设规范进行比较，理顺各方面之间的关系，有助于推进我们制定公共图书馆信息资源建设规范的进程，有助于完善我国关于公共图书馆方面的标准和规范，从而促进我国公共图书馆事业的发展。探讨这些已经出台的标准和规范同公共图书馆信息资源建设规范之间的关系，对于研究和制定公共图书馆信息资源建设规范具有重要的指导意义。

3.3.1　公共图书馆信息资源建设规范同全国性相关标准或法规的关系

1）公共图书馆信息资源建设规范同“公共图书馆评估定级标准”的关系

公共图书馆是我国信息资源体系和公共文化服务体系的重要组成部分，对公共图书馆进行评估是对公共图书馆科学管理的重要手段。在人类社会从工业化到信息化、知识化的发展过程中，公共图书馆如何应对周围社会环境、人文环境的变化，进而更好地发展下去，发挥其原有的社会功能，促进公共图书馆事业的可持续发展，很大程度上依赖于科学、合理、规范的评估体系，用以检验图书馆自身发展的缺陷与不足，以更加适当的发展方式来探寻新的发展方向。《以评估定级为契机 促进图书馆事业发展——对省级公共图书馆评估标准的分析与思考》一文中提到，评估标准的制定为公共图书馆事业的发展提供了统一衡量尺度和标准，使各级图书馆有了明确的参考数据和发展目标，更为重要的是为各级图书馆争取政府对图书馆的投入与支持提供了权威的依据，评估标准对公共图书馆的业务工作的规范、对事业项目研究的要求起着重要的导向作用①。

全国公共图书馆评估定级标准是对县级以上公共图书馆的全面工作进行评估的准则。对办馆条件、基础业务建设、读者服务工作、业务研究、辅导、协作协调、管理、表彰、奖励等方面进行评估，是对图书馆工作的系统化、全方位的核查。但是这种全面式标准往往会在具体细节上有所不足，不能很好实现核查效果。贾东琴在《基于科学发展观的公共图书馆评估研究》一文中提到，我国公共图书馆评估指标的设置缺乏科学性，其主要表现在：①公共图书馆评估指标体系的系统理论构思还有待完善，在对评价指标的选择中忽视了地区发展特征对图书馆发展的影响因素，不管发达地区还是欠发达地区的评估标准都一样，造成关注绝对数量忽视效率，同时也忽视了评估指标的灵活性。②图书馆评估侧重对静态资源的评估，致使评估结果往往只能反映一个公共图书馆的资源拥有量，而资源拥有量又主要取决于该馆的初始建设级别和经费投入，这就形成大馆的评估成绩总是优于小馆的状况，极大地降低了评估指标的可信度和可用度，不利于实现评估的激励作用。科学的评估应侧重固定的投入资源，经图书馆有效开发或利用后所产生的效率或效果，因此图书馆的评估不应只注重对结果的评估，更应关注对过程的评估②。

总之，我国现行的公共图书馆评估指标过分地强调结果指标、硬性指标，轻视过程指标、潜在指标和软性指标；只强调数量指标，轻视质量指标；评估强调的是一种静态的、个体的评估，忽视了对图书馆发展、整体的评估，由此得到的评估结果缺乏科学性的指导。就如公共图书馆信息资源建设，它隶属于公共图书馆评估标准中的业务建设方面，但是在所建立的评估细则中，侧重于对信息资源成果的评估，而在建设过程，包括文献资源建设、网络资源建设，没有提出相应的评估办法。而对信息资源建设的评估应该是其最核心、最本质的一部分。因为信息资源是公共图书馆的基础，是实现公共图书馆职能的重要指标，如果没有信息资源，那么公共图书馆的存在就没有意义。所以，制定公共图书馆信息资源规范非常重要，它是评价公共图书馆的基础，是最本质的所在。

2）公共图书馆信息资源建设规范同《公共图书馆服务规范》的关系

《公共图书馆服务规范》规定了图书馆服务资源、服务效能、服务宣传、服务监督与反馈等内容，适用于县（市）级以上公共图书馆。街道、乡镇级公共图书馆及社区、乡村和社会力量办的各类公共图书馆基层服务点参照执行③。《公共图书馆服务规范》是公共图书馆服务的全国性统一标准，是检验公共图

---

① 徐力文，张青. 以评估定级为契机促进图书馆事业发展——对省级公共图书馆评估标准的分析与思考[J]. 图书馆研究，2004，（4）：30-31.

② 贾东琴. 基于科学发展观的公共图书馆评估研究[D]. 河北大学硕士学位论文，2010.

③ 国家质量监督检验检疫总局，国家标准化管理委员会. 公共图书馆服务规范[Z]. 2010.

书馆服务效能与管理的尺度，是评估公共图书馆服务水平的依据。

《公共图书馆服务规范》中的公共图书馆服务资源，包括公共图书馆在开展服务过程中的硬件资源、人力资源及文献资源大多是具体的数量控制指标，如其提出："馆藏印刷型文献以图书、报刊合订本的册数计。省级馆、地级馆、县级馆的入藏总量分别应达到 135 万册、24 万册、4.5 万册以上，省、地、县年人均新增藏量应达 0.017、0.01、0.006 册以上。""馆藏电子文献包括电子图书、电子报刊、视听资料等，以品种数计。省级馆、地级馆、县级馆的年入藏量分别应达到 9 000 种、500 种、100 种以上。"但关于图书、报刊、电子图书、电子报刊、视听资料等数字资源的采访与选择的各个工作环节应如何进行并未涉及。

目前，很多公共图书馆都在进行数字资源的建设，如各种特色数据库建设、网络资源的开发利用，以及商业化数字资源的购买等，但是由于图书馆之间缺乏协调与合作，数字资源建设存在着大量的重复。众所周知，在网络环境下，数字资源重复建设是没有意义的，这就需要国家运用政策和法律手段进行宏观调控，包括制定数字资源建设宏观规划，使数字资源建设在国家宏观调控下有序进行，避免重复建设和浪费。因此，制定公共图书馆信息资源建设规范，对信息资源包括文献信息资源、数字信息资源进行标准化，使公共图书馆规则具有一致性。梁欣在《论公共图书馆制度的系统结构》一文中提出，公共图书馆规则的一致性是指同一层次、不同层次规则之间的不冲突、协调性。公共图书馆规则的一致性是对公共图书馆制度的起码要求，规则之间的冲突，不仅会使公共图书馆制度失效，而且还影响公共图书馆制度的权威性与存在的理由与价值①。并且王启云在《数字图书馆建设相关标准规范探讨》一文中也提到，标准化是开发和利用信息资源的基本保障，数字图书馆的本质就是信息资源的开发利用与共享②。只有采取统一的格式、标准和规范，才能保证信息表达、存储、检索、传输的顺利进行，避免不必要的转换和重复，避免浪费。对于数字图书馆而言，需要多个标准之间的联系和协调，需要建立相关的标准体系。只有这样，才能实现网络的互联互通、资源的共建共享、管理的井然有序；才能将各单位开发出来的信息资源按统一的格式组织起来，既能与国际网络接轨，更能为各单位所共享，形成国家的整体信息资源；才能用统一的检索标准建立起分布式的存储和检索系统，使全国的信息资源能为广大用户方便利用；才能克服我国行政管理体制上的条块分割、多头领导、各自为政。

进入 21 世纪，我国公共图书馆愈发重视服务在整个图书馆发展进程中的积极作用，通过服务来彰显公共图书馆的宗旨，并且提升公共图书馆的价值。但是更

① 梁欣. 论公共图书馆制度的系统结构[J]. 情报探索，2009，（10）：27-28.

② 王启云. 数字图书馆建设相关标准规范探讨[J]. 新世纪图书馆，2009，（1）：29-32.

应该注意的是公共图书馆服务与公共图书馆信息资源建设之间的关系，这是一种相辅相成、相互依赖的关系。没有公共信息资源，那么服务就没有了源泉；没有服务，公共图书馆信息资源就不能很好地体现其内在价值。所以，在制定公共图书馆信息资源建设规范的过程中，应该注重与《公共图书馆服务规范》的契合，对在该服务规范中没有详细提及的信息资源建设等方面，要有很好的内容和相关标准的补充，并且针对每一个公共图书馆服务的特点、服务对象的特点，来对信息资源采访与选择等工作环节进行标准化，以此来得到共赢。

3）公共图书馆信息资源建设规范同《公共图书馆建设标准》的关系

2005 年 9 月 13 日，公共图书馆建设标准第一次工作会议在北京召开，之后的近两年时间里，各界专家学者对公共图书馆的各项指标进行了深入而广泛的调研，这标志着我国的公共图书馆建设即将进入有据可依的发展轨道。《公共图书馆建设标准》的主编部门是中华人民共和国文化部，主编单位是中国图书馆学会，批准部门是住房和城乡建设部与国家发展和改革委员会。《公共图书馆建设标准》编制工作的指导思想是贯彻落实科学发展观，体现党和国家有关发展图书馆事业和加强公共建筑工程管理的方针政策，立足中国现实，参考国际标准，功能优先，经济适用，使图书馆建筑能够满足体现现代图书馆理念的图书馆服务活动的开展。《公共图书馆建设标准》确定了公共图书馆建设项目的规模分级和项目构成，给出了公共图书馆的总建筑面积和分项面积控制指标，提出了公共图书馆建设选址、总体布局的原则要求，明确了公共图书馆建设项目实施过程中的基本要求。张广钦的《公共图书馆面积规划实践分析》一文中提到，我国公共图书馆建设标准是世界各国中对公共图书馆面积分区及其比例规定最为详细的，其中规定，合并建设的公共图书馆，专门用于少年儿童的藏书与借阅区面积之和应控制在藏书和借阅区总面积的 10%~20%。规模适当，设施设备精良完备的图书馆实体建筑，有利于公共图书馆职能的充分发挥，有助于公共图书馆业务的高效开展。为此，世界上有很多国家很重视这一问题，在“建设标准”和“服务标准”中专门设章节规定了图书馆设施与设备。从图书馆面积规划角度分析，图书馆设施与设备虽不是决定图书馆面积大小的重要因素，但它会影响面积的测算①。《关于〈公共图书馆建设标准〉的若干问题》中也提到，公共图书馆工程项目建设标准的上述目标，决定了公共图书馆建设标准的基本性质：它不是建筑设计标准，不是工程技术标准，也不是项目施工标准，因而虽叫“标准”但并没有纳入标准化范畴。它是公共图书馆建设项目科学决策、合理确定项目建设投资水平的全国性统一标准；是编制、评估和审批公共图书馆建设项目可行性研究报告的重要依据；是有关部门审查

① 张广钦. 公共图书馆面积规划实践分析（下）[J]. 国家图书馆学刊，2009，（2）：47-55.

公共图书馆建设项目初步设计和监督检查工程建设全过程的尺度。简言之，它是服务于公共图书馆建设项目科学决策和管理的标准，为政府的项目决策和综合评价提供基础指标①。

《公共图书馆建设标准》具有政府行政规章的性质，提出了不同建设规模的公共图书馆总藏书量、人均藏书量、每平方米藏书量、阅览座席数量等一系列具体的数量控制指标。由此，我们可以体会到公共图书馆建设标准的重要作用，它是公共图书馆建设的标准和尺度，但关于公共图书馆信息资源建设的基本要求在这一标准中并没有涉及。公共信息资源建设是公共图书馆建设的基石，是评价公共图书馆价值的重要指标。在时代发展进程中，用户对信息资源的需求不断增加，社会环境对公共信息资源建设的要求也越来越严格。所以，在公共图书馆建设过程中，我们不仅要注重图书馆宏伟外观的建设，而且要努力彰显公共图书馆信息资源的价值的认可，所以建设公共图书馆信息资源规范非常重要，它是《公共图书馆建设标准》的重要核心。公共图书馆信息资源建设规范的制定，可以作为建设的依据，能更好地提升公共图书馆的内在价值，并且能够更好地保证公共图书馆项目建设达到最佳秩序，获得最佳效果。

4）公共图书馆信息资源建设规范同《公共图书馆建设用地指标》的关系

由中国城市规划设计研究院编制的《公共图书馆建设用地指标》，经有关部门会审，批准为全国统一的建设用地指标予以发布，自 2008 年 6 月 1 日起实行②。该指标是编制和审批公共图书馆项目可行性研究报告，确定其建设用地规模的依据，是编制项目建议书和初步设计文件，核定和审批建设用地面积的尺度；也是城市规划确定公共图书馆发展用地的依据。《公共图书馆建设用地指标》适用于公共图书馆的新建、改建和扩建工程，以及公共图书馆的规划布局。规模较小的县、街道、社区或村镇图书馆建设可参照该指标执行。

《公共图书馆建设用地指标》规定，根据公共图书馆服务人口数量将公共图书馆划分为三个等级，即大型馆、中型馆、小型馆。要根据服务人口、服务半径设置相应的公共图书馆用地，逐步形成由大、中、小型图书馆构成的公共图书馆体系，不同图书馆具有不同功能、不同藏书量和建设规模，通过图书资料的通借通来构建实用、便捷、高效的公共图书馆服务网络。还特别提出，公共图书馆用地的选址，要在城市人口集中、交通便利、公交发达、环境较好、相对安静的地区，同时兼顾各级公共图书馆服务半径覆盖的合理服务范围。除此之外，鼓励公共图书馆的多元化发展。大专院校较多的城市，应鼓励大学图

---

① 《公共图书馆建设标准》编制组. 关于《公共图书馆建设标准》的若干问题[J]. 国家图书馆学刊，2007，（2）：9-19.

② 中国城市规划设计研究院. 公共图书馆建设用地指标[Z]. 2007.

书馆向社会开放。一方面可以减少相应规模公共图书馆的设置，另一方面也可以大大提高大学图书馆的使用效率，从而达到节约土地资源、降低公共成本的目的[①]。

李慧敏在《〈公共图书馆建设标准〉和〈公共图书馆建设用地指标〉述评》一文中讲到，指标的最大特点就是以服务人口为划分不同类型公共图书馆的依据，并以此规定图书馆的数量指标，这既是国际通行做法，也是国际图联有关文件的基本精神。指标体现的一个原则就是力戒模棱两可的说法，以准确、覆盖全面的指标为图书馆建设提供指南，而不是提供原则性框架，如依据服务人口对图书馆级别的划分及相应的文献资源数量、面积、阅览座位等都可以从中找到明确的数量指标，对改善图书馆硬指标有据可查。笔者通过实地调查得出，目前采用步行、自行车或公共交通方式到达公共图书馆的读者占 95%以上，但城市规模不同，其主要的出行方式和到馆所花费的时间的承受度也会有所差异。城市规模越大，采用公共交通方式到馆的读者就越多，城市规模越小，采用自行车和步行到馆的读者就越多。指标确定，大型馆以读者乘公共交通工具或骑自行车 60 分钟可以到达为宜，其服务半径为 9 千米；中型馆以 30 分钟为宜，其服务半径为 6.5 千米；小型馆以 20 分钟可以到达为宜，其服务半径为 2.5 千米。这一点作为我国的基本国情，在指标中予以反映[②]。

通过《公共图书馆建设用地指标》，我们可以看出公共图书馆在人们生活中的重要性不断加深，但是这项规范只是针对公共图书馆的建设规模和数量做了主要要求，提到的鼓励大学图书馆向社会开放，弥补公共图书馆的缺失，更加凸显了建设公共图书馆信息资源规范的重要性。根据地域人口数量的不同建设公共图书馆，那么公共图书馆信息资源就应该依据用户需求量和馆舍规模来确定。并且如果大学图书馆开放的话，就更应该对大学图书馆信息资源进行改善，而不是仅仅针对教学和研究，更重要的是满足大众需求，由此可以看出公共图书馆信息资源建设规范在公共图书馆建设中的重要性。

此外，在各种标准或规范中，《图书馆文献采访工作规范》同信息资源建设规范之间存在着最紧密的联系。采访工作（信息资源采集）是信息资源建设工作中最核心的环节，《图书馆文献采访工作规范》为信息资源建设规范的研究和制定提供了“模版”，但信息资源建设规范不能是各业务环节工作规范的简单相加，必须在制定中注意各环节之间的系统性。

---

① 文化部. 公共图书馆建设用地指标[Z]. 2007.

② 李慧敏.《公共图书馆建设标准》和《公共图书馆建设用地指标》述评[J]. 图书馆论坛，2010，（2）：132-135.

3.3.2　公共图书馆信息资源建设规范同地方性相关标准或法规的关系

有些地方性图书馆法规、规章涉及公共图书馆信息资源建设规范的相关内容。例如，《上海市公共图书馆管理办法》中包含的关于信息资源建设规定的内容有收藏量、收藏重点、目录管理、投入借阅的时间要求、书刊资料的清理、出版物样本的送缴的规定①。另外，对于书刊资料购置费使用的监督，对“将书刊资料购置费挪作他用的”行为的处罚，做出了规定。《上海市公共图书馆管理办法》制定的目的是加强对本市公共图书馆的管理，充分发挥公共图书馆在社会主义物质文明和精神文明建设中的作用，推动公共图书馆事业的发展，满足人民群众对科学、文化知识的需求。该办法适用于上海市行政区域内公共图书馆的设置、使用及其监督管理。虽然《上海市公共图书馆管理办法》对于传统的文献资源建设做出了较为完整的规定，但是这不完全适用内容更丰富的信息资源建设。而在图书馆中我们迫切需要的资源不再仅限于文献信息资源，而且包括更加丰富的信息资源。所以，制定公共图书馆信息资源建设规范与其的关系应该是互为补充。传统的文献资源是公共图书馆信息资源建设的基础，是公共图书馆最基本的物质元素，所以是公共图书馆信息资源建设规范中不可缺少的一部分。而公共信息资源建设规范在借鉴《上海市公共图书馆管理办法》中文献资源建设规范基础上，还要对基于网络的信息资源进行规范，涉及对网络信息资源的选择、分类、检索等多方面的标准化。

又如《河南省公共图书馆工作规范（试行）》，比较全面、明确、量化地规范了图书馆的各项工作，如其中规定“省级公共图书馆馆舍建筑面积不低于 20 000 平方米，文献基本藏量不低于 300 万册，阅览座席不低于 1 000 个。市级公共图书馆馆舍建筑面积不低于 10 000 平方米，文献基本藏量不低于 50 万册，阅览座席不低于 400 个。县级公共图书馆馆舍建筑面积不低于 1 000 平方米，文献基本藏量不低于 10 万册，阅览座席不低于 200 个②。”但缺点是没有指出规范中数量的依据，直接给出了要达到的量化目标。

公共图书馆的根本目的是为用户提供信息资源，最高效率提供信息资源的方法就是根据各地域用户需求的不同来对公共图书馆工作做出要求和规范。加之，公共图书馆的各项工作受制约的因素比较多，更应该根据地方特点、财政状况来适度调整公共图书馆工作规范。对于经济欠发达的地区的图书馆，应根据用户数量的多少，信息资源需求的主要形式，适当降低文献基本藏量，来拓宽公共图书馆总体建馆数量，让有限的物力、财力资源最大限度地满足用户对信息资源的需

---

① 上海市人民政府. 上海市公共图书馆管理办法[J]. 新法规月刊，1997，（2）：42-46.

② 河南省文化厅. 河南省公共图书馆工作规范（试行）[Z]. 2009.

要。所以，工作规范与制定公共图书馆信息资源建设规范应该互相参照，避免财力、物力的重复、浪费。

总的说来，关于公共图书馆的各项规则实质上是我国民主政治发展的产物，是人类社会文明进步的标志。它是将公共图书馆的一些法律、法规、行为规范等固定下来的行为准则，这些准则成为公共图书馆领域内各种主体的行为规范。黄宗忠在《论图书馆制度》一文中提到，图书馆制度是一个常谈常新的问题，永不过时。随着时代的发展，人们观念的变化，图书馆旧的制度需修订，新的制度需建立，因此，图书馆制度研究就成为图书馆学的常规课题。从图书馆实践来看，只有跟着时代的发展，不断创新图书馆制度，才能促进图书馆事业的发展①。

如前所述，国内外围绕本主题所开展的研究已经颇具成效，形成了一些有价值的学术领域的研究成果和实践领域的具体规范（或标准），但同本书的研究目标相比，已往的研究尚存在一些不足和局限：首先，以往的研究更加侧重建设标准的制定，即规定信息资源建设应该达到的状态，而忽视了对信息资源建设过程的把握、控制和要求；其次，以往的研究就研究范畴而言出现两极分化的局面，要么规范图书馆的全面工作（如《公共图书馆工作规范》），要么规范信息资源建设的某一具体领域（如关于采访的规范），而缺乏针对信息资源建设这个中间范畴的研究；再次，以往的规范（或标准）更多集中在硬件建设、服务管理等方面，真正对于信息资源建设方面的规范（或标准）并不多见；最后，同国外的研究和实践情况相比，我国专门针对省级公共图书馆的研究更为鲜见。综上，我国关于公共图书馆信息资源建设的规范尚不完善、不系统，研究和制定《公共图书馆信息资源建设规范》迫在眉睫。

3.4　信息资源建设规范文本

近年来公共图书馆事业取得了很大进展，信息资源建设工作作为公共图书馆的一项主要工作越来越受到重视，在发展实践中呼唤理性发展、包容性发展和可持续发展，信息资源建设规范的制定正是顺应了这样的发展环境和客观需求。在编制信息资源建设规范文本的过程中会遇到很多难题，我们所做的就是努力克服所遇到的困难，力求制定一个完整、系统、有约束力的规范。在信息资源建设规范行文中应主要注意以下问题。

---

① 黄宗忠. 论图书馆制度[J]. 图书馆论坛，2008，（12）：1-4.

3.4.1　公共图书馆信息资源建设规范特点

在制定公共图书馆信息资源建设规范的过程中，我们参照了很多图书馆的法规、条例，总结出一个系统、有约束力的规范文本并不仅仅意味着要有一些严格的具体标准，还应该体现在其实际的可操作性上，即不仅仅要注重结果还应该注重展开这项工作的具体过程。而现有的很多图书馆法规、条例更多地表现为标准的形式，即多数是规定信息资源建设应该达到怎样状态以及具体的标准，而缺乏对信息资源建设过程、步骤、方法的把握、控制和要求。例如，我国已出台的《公共图书馆建设标准》中提出了不同建设规模的公共图书馆总藏书量、人均藏书量、每平方米藏书量、阅览座席数量等一系列具体的数量控制指标，而关于公共图书馆信息资源建设过程中的基本要求没有涉及。在公共图书馆信息资源规范的过程应吸取上述的不足之处，要求信息资源建设规范内容涉及信息资源建设的方方面面，既要考虑信息资源发展政策的制定，又要考虑信息资源建设工作的具体开展；既要追求信息资源建设的结果，又要重视信息资源建设的过程；既要考虑信息资源建设的实际情况，又要考虑用户服务工作的现实要求；既要针对资源建设过程中的具体流程，又要结合各工作环节间的统筹安排。因此，我们在信息资源建设规范的内容设置上不仅仅包括藏书量、人均藏书量及经费数量等数量标准，还包括对信息资源采集、信息资源组织与管理、馆藏资源布局及信息资源共建共享等信息资源建设过程的规范。

3.4.2　信息资源建设规范的约束力

公共图书馆作为社会文化中心，以满足当地的文化需求为服务的目标。作为帮助图书馆开展信息资源建设工作的工具，信息资源建设规范提出建议或原则，由各公共图书馆根据图书馆自身的立场考虑实际的可行性。由于我国各地区经济发展水平存在较大差距，公共图书馆发展很不平衡，信息资源建设水平也不同。由于各个指标涉及不同地区的图书馆，或者不同类型的用户，所以整齐划一的标准是不科学的。英国在制定《公共图书馆服务标准》的时候，分类提出不同解决问题的办法。例如，对读者群的分类，分为成年人和低于 16 岁的读者；对地区的分类指导，分为内伦敦区、外伦敦区、大都会区、自治区、郡治区等；对馆藏质量的分类，分为差的、中等的、好的等①。一个标准不可能适用于所有的公共图书馆，而分类等级标准就体现了其科学、合理的一面。所有的公共图书馆都应该满足最基本的标准，然后选择合适的等级制定计划，努力达到标准，并进行评估。所以，公共图书馆信息资源建设规范中对于不同层次公共图书馆信息资源建设，可根据其服务人口数量的分段累加，为其提出不同

① 张广钦. 国外公共图书馆建设标准与规范概览[M]. 北京：国家图书馆出版社，2009.

级别的分类化标准，诸如“基本标准”“强化标准”“期望标准”。可以参照美国《威斯康星公共图书馆标准》对人均拥有印刷图书数量所划分的标准的做法，如表 3.1 所示。

表 3.1 人均拥有印刷图书数量（单位：册）

服务人口 级别	<2 500 人	2 500~ 4 999 人	5 000~ 9 999 人	10 000~ 24 999 人	25 000~ 49 999 人	50 000~ 99 999 人	>100 000
基本	6.4	4.1	3.1	2.9	2.8	2.7	2.5
强化	7.8	4.8	3.8	3.5	3.5	2.9	2.8
期望	10.2	5.7	4.7	4.1	3.8	3.3	2.9

注：引自《威斯康星公共图书馆标准》；无论人口多寡，图书馆至少拥有图书 8 000 册

另外，为便于执行规范条文时区别对待，公共图书馆信息资源建设规范还应使用不同严格程度的用词说明或界定规范条款。如果在规范中有关于具体数量标准的，如在信息资源建设规范中对信息资源建设经费要求提出一个最低数量标准就用“必须”“应”等强制性的字词；如果在规范中有一些建议性的要求，如规范中对信息资源采集方式的规定上除了购买、自建等主要采集方式外，对于其他采集方式如交换、征集、调拨、索取、捐赠等稍微具有选择性的就用“宜”“不宜”等建议性的词。

3.4.3 信息资源建设规范文本格式

在确定信息资源建设规范文本的格式过程中，我们参阅了《公共图书馆服务规范》《公共图书馆建设标准》《公共图书馆建设用地指标》等文本的格式，通过比较分析，我们发现《公共图书馆建设标准》整个结构布局比较清晰、合理，也适合《公共图书馆信息资源建设规范（草案）》内容的组织，因此信息资源建设规范文本格式主要参照《公共图书馆建设标准》的文本格式撰写。整体结构为：

第一章　总则
第二章　经费保障与资源结构
第三章　公共图书馆信息资源建设政策制定
第四章　公共图书馆信息资源采集
第五章　公共图书馆信息资源组织
第六章　馆藏资源布局和典藏工作
第七章　信息资源共建共享
第八章　资源建设工作管理
附　录　名词术语解释

每一章里面的规定都采用第几条的格式，从第一章到第八章依次排列，《公共图书馆信息资源建设规范（草案）》文本总共六十五条。采用这样的格式，整个文本的结构会比较清晰，内容也相对集中。例如，在第一章总则里面总共有六条规定：第一条阐述了规范编制的目的，第二条说明规范的主要内容，第三条说明了规范的主要作用，第四条说明规范的适用范围，第五条说明公共图书馆信息资源建设的原则，第六条说明本规范与现行有效的其他有关标准、规范和规定的关系。从第二章到第八章每一章的内容都是对相关主题的规定，从而使该规范所对应的信息资源建设的每一项工作也更加系统。

3.4.4　信息资源建设规范的具体细则

公共图书馆信息资源建设规范是面向全国的公共图书馆所做的规定，所以规范的内容会比较广泛，并不一定适用于每一个公共图书馆，各级公共图书馆应根据自身的情况制定符合本馆要求的信息资源建设方针。规范的条文应当简略还是详尽，仁者见仁，智者见智。考虑到我国公共图书馆事业面临地域广、层次多、地区和城乡经济社会发展不平衡的情况，且事业发展变化较大，作为一个适用于全国各级公共图书馆的信息资源建设规范，指标宜简不宜繁，如果规范条文定得太细太具体，会带来可操作性的问题。规范应从大处着眼，兼及指南的作用，重点是给出一个指导性的意见。但公共图书馆信息资源建设规范也需要有一定程度的具体化，如果条文过于简单，多年来图书馆业界期盼的众多服务制度安排得不到明确的规定，则不利于图书馆事业的发展。从英国公共图书馆服务标准由详到简的发展过程中得到启示，标准编制的一般规律是从详细趋向简约，《公共图书馆信息资源建设规范（草案）》的编制采取了折中的方法，使其条文在简略的基础上具有一定的明确性的细化，这样一方面能够满足图书馆界的实际需求，另一方面也为规范在实践执行中可能遇到的复杂情况提供了应对的余地，同时也为规范的进一步完善（细化和简化）奠定了基础。

第 4 章　公共图书馆信息资源建设规范内容

公共图书馆信息资源建设规范是对公共图书馆信息资源建设的各个业务环节进行系统性的规范。因此，在新的信息环境中，公共图书馆信息资源建设规范所涉及的内容范畴不应局限于信息资源补充（采访）或有关信息资源硬件建设即传统的文献资源建设，而应在其基础上对宏观信息资源建设工作各个环节，对信息资源建设经费保障和配套设施、信息资源发展政策制定、传统文献信息资源采访（补充）、数字资源建设、信息资源组织管理、信息资源共建共享、信息资源布局、信息资源工作管理等进行指导。在此，本书主要对数量与经费投入标准、政策制定、信息资源采集、信息资源组织与管理、信息资源共建共享五个主要内容进行了系统的研究。此外，针对公共图书馆信息资源建设的特点，本书对公共图书馆信息资源建设中所涉及的一些特殊情况做了专门论述，包括面向特殊群体（如少年儿童和残障群体）、特殊任务（政府信息资源公开）、特殊资源（地方文献或特色资源）、特殊方式（自助图书馆或流动送书车）等。

4.1　信息资源建设的数量标准

所有图书馆工作都应遵守统一的基本标准。由于考虑到不同地区的各个公共图书馆发展水平不同，情况千差万别，以信息资源建设过程的原则要求作为质量标准，提炼各公共图书馆信息资源建设过程中均应实现和关注的事项，并以可以采取的建议策略供参考。而数量标准则是衡量图书馆工作水平的基本标准，所以信息资源建设规范中应提供一定的数量标准，以加强信息资源建设规范对图书馆工作指导的针对性和导向性。因此，信息资源建设规范中应提供具体的质量和数量标准，在最大限度上保持信息资源建设规范的稳定性和可操作性。

我国已经出台的公共图书馆法规、标准很多都涉及信息资源建设的数量标准。例如，《公共图书馆服务规范》对馆藏文献总量的规定，公共图书馆应在确保印刷型文献入藏的基础上，逐步增加电子文献的品种和数量，并根据当地读者和居住的外籍人员的需求，积极配置相应的外文文献。馆藏印刷型文献以图书、报刊合订本的册数计。省级馆、地级馆、县级馆的入藏总量分别应达到 135 万册、24 万册、4.5 万册以上，省、地、县级馆年人均藏量分别应达 0.017、0.01、0.006 册以上。馆藏电子文献包括电子图书、电子报刊、视听资料等，以品种数计。省级馆、地级馆、县级馆的年入藏量分别应达到 9 000 种、500 种、100 种以上①。关于文献购置经费的相关规定，公共图书馆的文献购置经费由各级政府投入，专款专用，确保公共图书馆服务的正常开展。省级馆年人均文献购置费应达到 0.52 元以上；地级馆年人均文献购置费应达到 0.3 元以上；县级馆年人均文献购置费应达到 0.18 元以上。文献购置经费应与财政收入的增长同步增加。图书馆应在文献购置经费中安排电子文献购置经费，并根据馆藏结构逐年提高或不断调整其与印刷型文献的比例。

《河南省公共图书馆工作规范（试行）》第九条规定，各级公共图书馆文献信息资源总量应达到国务院文化行政部门制定标准的上限，并根据当地经济发展水平，逐年增加藏书总量。其中关于文献信息资源数量标准规定有：省级图书馆图书年入藏种数不低于 14 000 种，报刊年入藏量不低于 4 000 种，电子文献年入藏量不低于 500 件，视听文献年入藏量不低于 800 件；市级图书馆图书年入藏种数不低于 5 000 种，报刊年入藏量不低于 1 000 种，电子文献年入藏量不低于 60 件，视听文献年入藏量不低于 100 件；县级图书馆图书年入藏种数不低于 1 500 种，报刊年入藏量不低于 600 种，电子文献年入藏量不低于 50 件，视听文献年入藏量不低于 30 件②。第三条对购书经费规定，公共图书馆开展正常业务工作应有充足的经费保障。事业费、购书经费应达到国务院文化行政部门制定标准的上限，并随着地方财税收入逐年增加。省级公共图书馆年事业费不低于 1 000 万元，年购图书种类达到全国年出版图书种数的 15%~25%。市级公共图书馆年事业费不低于 100 万元，年购图书种类达到全国年出版图书种数的 5%~10%。县级公共图书馆年事业费不低于 30 万元，年购图书种类达到全国年出版图书种数的 1%~2%。

在《公共图书馆建设标准》中对藏书量制定的标准见表 4.1。

---

① 国家质量监督检验检疫总局，国家标准化管理委员会. 公共图书馆服务规范[Z]. 2011.

② 河南省文化厅. 河南省公共图书馆工作规范（试行）[Z]. 2009.

表 4.1　藏书量制定的标准

规模	服务人口/万人	藏书量	
		人均藏书（册、件/人）	总藏量（万册、万件）
大型	400~1 000	0.8~0.6	320~600
	150~400	0.9~0.8	135~320
中型	100~150	0.9	90~135
	50~100	0.9	45~90
	20~50	1.2~0.9	24~45
小型	10~20	1.2	12~24
	3~10	1.5~1.2	4.5~12

江西省文化厅社文处颁发的《江西省公共图书馆服务标准（试行）》规定，公共图书馆的文献购置费应在保证日常办公经费的同时，予以充分保障，并应专款专用。设区市、区县公共图书馆的购书经费，应按其服务人口人均不低于 0.25 元列入当地财政预算，并应随着当地财政收入的增长而相应增加。其中设区市图书馆图书年入藏种数不低于 5 000 种，区县图书馆不低于 2 500 种；用于购买少儿读物的经费，省图书馆应不少于全馆文献购置费的 10%、设区市图书馆不少于 20%、区县图书馆不少于 30%①。

肖希明等在《公共图书馆文献资源建设法律保障研究》②一书中对 1998~2008 年全国公共图书馆的文献资源购置经费使用情况及变化进行了统计，见表 4.2。

表 4.2　全国公共图书馆文献资源购置经费使用情况及变化

年份	文献资源购置费/万元	文献资源购置费占图书馆总经费比例/%	人均文献购置经费/元	图书购置费增幅/万元	图书购置费增幅/%	图书购置费占文献资源购置费比例/%	图书价格增幅/%	图书馆总经费/万元	文化事业财政拨款经费/万元	人均国内生产总值/元	国内生产总值/亿元
2008	78 962.6	16.19	0.59	69 040.3	7.05	87.43	16.95	487 793.5	2 279 529	22 698	300 670.0
2007	73 7160	18.26	0.56	64 491.8	21.47	87.49	4.25	403 688.6	1 798 697	18 934	249 529.9
2006	59 750.6	18.00	0.45	53 092.1	11.12	88.86	2.67	331 891.8	1 442 931	16 084	210 871.0
2005	55 289.9	18.66	0.42	47 780.3	21.67	86.42	6.60	296 325.0	1 225 165	14 040	183 084.8
2004	45 118.6	17.88	0.35	39 271.3	17.53	87.04	5.50	252 397.7	1 027 502	10 561	136 875.9
2003	401 040.0	18.38	0.31	33 414.3	8.27	83.32	5.00	218 206.9	888 237	9 101	117 251.9

① 江西省文化厅社文处. 江西省公共图书馆服务标准（试行）[Z]. 2014.

② 肖希明，张勇，等. 公共图书馆文献资源建设法律保障研究[M]. 北京：国家图书馆出版社，2011.

续表

年份	文献资源购置费/万元	文献资源购置费占图书馆总经费比例/%	人均文献购置经费/元	图书购置费增幅/万元	图书购置费增幅/%	图书购置费占文献资源购置费比例/%	图书价格增幅/%	图书馆总经费/万元	文化事业财政拨款经费/万元	人均国内生产总值/元	国内生产总值/亿元
2002	36 209.5	19.10	0.28	30 861.5	12.27	85.23	14.60	189 616.6	792 325	8 184	104 790.6
2001	32 597.5	19.93	0.26	27 488.7	−2.23	84.33	8.50	163 541.3	674 503	7 543	95 933.3
2000	31 574.5	21.84	0.25	28 141.0	26.08	89.13	−1.43	144 603.3	576 093	7 078	89 403.6
1999	26 461.0	22.11	0.21	22 319.5	9.98	84.35	9.64	119 704.0		6 534	81 910.9
1998	24 535.8	21.84	0.20	20 293.8	9.52	82.71	6.82	112 340.6		6 392	79 395.7
平均	45 847.3	19.29	0.35	39 654.1	13.00	86.03	7.19	247 282.7	1 189 442	11 559	149 974.3
年均增幅/%	12.36		11.64					15.64	18.84	13.01	13.77

《县以上公共图书馆第六次评估定级标准》中对信息资源建设经费制定的评估标准如表 4.3 所示。

表 4.3　《县以上公共图书馆第六次评估定级标准》关于信息资源建设经费投入的规定

关于经费投入的规定	省级			副省级			地级市			直辖市下辖区			县级			地级市下辖区		
	东部	中部	西部	东部	中部	西部	东部	中部	西部	东部	中部	西部	东部	中部	西部	东部	中部	西部
一级（年/万元）	6 000	5 000	4 000	5 500	4 500	3 500	700	600	500	650		450	160	150	140	160	150	140
二级（年/万元）	5 000	4 000	3 000	4 500	3 500	2 500	600	500	400	550		350	140	130	120	140	130	120
三级（年/万元）	根据评估结果确定三级图书馆分数线																	

上述各类公共图书馆规范、标准都涉及信息资源建设的具体数量标准，制定一定的具体数量标准会提高公共图书馆信息资源建设的水平并在一定程度指导公共图书馆信息资源建设工作，保证了信息资源建设的质量。但单纯规范信息资源建设的数量标准存在很多不合理之处。据调查表明，以公共图书馆的总藏书量或人均藏书量的多少来衡量信息资源建设的质量是不全面的，有的图书馆为了追求藏书量的最大化，会通过订购一些价格低廉的图书或者增加图书的复本量、减少图书的品种来实现。以简单的购书费用数量为标准，同时也存在很多问题，如很多公共图书馆由于自身条件不足达不到所规定的经费数量，而有些公共图书馆因为所在地区比较发达，则可以投入更多的经费用于信息资源建设工作。这么说来，一些公共图书馆的法律法规所制定的有关经费数量标准，在一定程度上阻碍

了公共图书馆的发展。因此在制定总藏书量、人均藏书量等具体数量标准的同时，还应该制定一个相对的信息资源建设经费标准，信息资源建设经费可以依据当地的财政收入来确定，在公共图书馆信息资源建设规范中可以确定一个信息资源建设经费与当地财政收入的比例，这样就保证了公共图书馆信息资源建设经费的增长幅度与当地财政收入的增长幅度的一致性，避免了一些发达地区的公共图书馆信息资源建设经费投入不足的现象。

肖希明和张勇在《我国公共图书馆文献资源建设法律需求的调查分析与研究》①中对公共图书馆文献资源建设的经费所做的调查表明：各级政府对公共图书馆文献资源建设的经费投入由政府公共财政投入，是世界各国通行的做法，也是各国的图书馆法普遍规定的内容。文献资源建设经费是公共图书馆经费支出的主要构成部分。应如何规定以保证各级政府对公共图书馆文献资源建设的经费投入呢？为此设计了 4 个选项。

A 规定公共图书馆的经费占地方财政支出的比例；B 规定公共图书馆购书经费的增长幅度；C 规定保证公共图书馆购书经费的增长；D 不必做这方面的规定。在 134 份问卷中有 12 位被调查者选择了两个以上的选项。其中有 103 名被调查者选择 A，占回答人数的 76.8%；有 32 人选择 B，占 23.8%；有 12 人选择 C，占 9%；有 1 人选择了 D。可见，绝大多数公共图书馆都希望公共图书馆法对政府投入公共图书馆及其文献资源建设的经费有明确的、量化的和具有可操作性的规定。

公共图书馆文献资源建设经费的增长受多种因素的影响和制约。那么，政府主要依据什么来确定对公共图书馆文献资源建设的经费增长幅度呢？为此设置了 4 个选项。

A 规定居民消费价格指数（consumer price index，CPI）增长幅度；B 规定文献定价增长幅度；C 规定财政收入增长幅度；D 不必做这方面的规定。

134 份问卷中有 12 位被调查者选择了两个以上的选项。其中有 92 名被调查者选择 A，占回答人数的 68.7%；有 31 人选择 B，占 23.1%，有 22 人选择 C，占 16.4%，也有 2 人选择 D。这说明，绝大多数公共图书馆希望各级政府对公共图书馆及其文献资源建设经费的投入远远低于当地财政收入增长的幅度。财政收入保持同步增长。

因此本书在制定公共图书馆信息资源建设规范关于信息资源建设经费投入标准时可以参照肖希明和张勇在《我国公共图书馆文献资源建设法律需求的调查分析与研究》一文中给出的建议。

（1）规定公共图书馆文献资源购置费要与地方财政支出构成合理的比例，

---

① 肖希明，张勇. 我国公共图书馆文献资源建设法律需求的调查分析与研究[J]. 中国图书馆学报，2010，（3）：19-25.

并与地方财政支出保持同步增长；规定事业费与文献购置费保持同步增长。

（2）明确数字资源是文献资源的组成部分，规定在文献资源建设经费中应包括数字资源建设经费以及通过网络远程获取数字资源的服务费。

（3）规定公共图书馆文献资源购置费应单列，专款专用。

（4）规定文献资源购置费应在图书馆事业经费中保持合理比例。

（5）规定国家应对古旧文献、特色文献资源建设以及文献资源的共建共享在经费上给予重点保障。

（6）规定国家应对欠发达地区文献资源建设实施特别经费援助①。

《数字图书馆资源建设指南》中对数字资源建设经费的规定，数字资源建设经费一般包括数据库产品或服务购买、资源载体购买、知识产权授权许可、特色数据库建设与维护、资源发布、人员培训、数字资源加工场地建设或租赁以及相关设施设备购买、租赁和维护等费用。积极寻求政府的政策支持和经费投入，并在国家政策许可的范围内吸纳社会多元化资金投入②。

本书制定的相对信息资源建设经费标准，要求确定一个信息资源建设经费与当地财政收入的比例，这样可能会出现一些公共图书馆因为当地贫困，财政收入少而导致信息资源建设经费少的现象。为此我们可以制定一个信息资源建设经费的最低标准，要求即使贫困地区，其公共图书馆信息资源建设经费的数量也不应低于所制定的最低标准。总之，本书在制定信息资源建设规范过程中应加强对信息资源建设经费标准的研究，制定一个相对的信息资源建设经费标准以更好地指导信息资源建设工作。

基于以上分析，本书所拟定的《公共图书馆信息资源建设规范（草案）》中，对于公共图书馆的信息资源建设的经费投入做了如下规定。

> 公共图书馆信息资源建设经费应由各级政府专项拨款。各级地方政府应确保公共图书馆的信息资源建设经费投入在当地地方财政收入中的合理、稳定的占比，并保证公共图书馆信息资源建设经费的增长幅度不低于当地财政收入的增幅。政府应建立信息资源建设经费保障机制，明确政府对公共图书馆的拨款责任、拨款具体数量，资金的管理、分配和监督机构，获得拨款的条件、资金的分配方式与资金的使用方式。各级政府应要求公共图书馆的信息资源建设经费专款专用。

① 肖希明，张勇. 我国公共图书馆文献资源建设法律需求的调查分析与研究[J]. 中国图书馆学报，2010，（3）：19-25.

② 全国数字图书馆建设与服务联席会议. 数字图书馆资源建设指南[Z]. 2010.

4.2 信息资源建设政策制定

公共图书馆信息资源建设政策制定的目的在于为图书馆信息资源建设提供宏观指导；为图书馆信息资源建设提供标准和规范；为信息资源共建共享提供依据。信息资源发展政策在信息资源建设各业务环节中起指导作用。制定信息资源发展政策的主要原因是形成规范、稳定、全面的章程，避免信息资源建设因为个别事件或个人因素而随意变化。因此，信息资源发展政策的制定尤为重要。信息资源发展政策的制定规范应反映信息资源发展政策的通用框架和主要内容，包括信息资源发展政策制定的程序、政策内容、资源总量和馆藏结构。在信息资源发展政策的制定规范中，首先应提出，每个图书馆都应该有自己的信息资源发展政策以支持馆藏发展，且需要由图书馆理事会通过。信息资源发展政策应与图书馆战略规划保持一致，且及时、定期更新。信息资源发展政策应该包括用户服务声明、馆藏目的和参数、预算、采访、馆藏评估、剔除、捐赠、资源共享和馆藏管理及信息资源建设的经费分配等。

4.2.1 制定图书馆信息资源建设政策的原则

1）实事求是原则

从实际出发，实事求是，是制定各项政策的基本原则，也是制定信息资源建设政策必须遵循的原则。它的具体要求是：首先，信息资源建设政策必须符合图书馆的任务与读者的实际需要。不同类型的图书馆，其服务任务与读者的需求是不同的，因而它们制定的信息资源建设政策也应该是不同的。其次，信息资源建设不能脱离图书馆可能的条件，这主要体现在经费条件。例如，数字信息资源建设需要有大量经费投入，但图书馆不能不顾自身条件片面追求“数字化”。图书馆必须根据现有的或在可以预见的时间内能够具备的设备和技术条件去制定信息资源建设政策。

2）系统性与协调性原则

系统性，是事物本身固有的相互作用、相互依赖，共同结合成一个具有特定性质和功能的有机整体的特性。图书馆是一个整体系统，信息资源建设是这个整体系统的组成部分。资源建设政策要服从和服务于图书馆的整体发展战略，协调好与图书馆其他子系统的关系。

协调性是事物之间相互补充、配合，相互依托、制约的特性。制定信息资源建设政策，不仅要协调好与图书馆其他子系统的关系，而且要着眼于信息资源整体布局，注意与其他馆的协调与合作。各馆都要将本馆的信息资源纳入整体信息资源系统，通过分工协调，规定各馆信息资源建设的责任和范围，使不同学科、不同主题或不同类型的文献由不同图书馆分担收藏，通过馆际互借、文献传递，实现资源共享。

3）相对稳定原则

图书馆信息资源建设是一项连续性很强的事业，它的现状既受历史因素制约，同时又对未来产生重要影响。因此，在制定信息资源建设政策时，一定要对原来的有关政策进行研究，吸收其合理的内容，同时对出台新的政策要十分慎重。而政策一旦制定，就要保持它的相对稳定性，不能朝令夕改，否则，这些资源的使用价值就会大大降低。

4）着眼未来原则

政策的制定不仅要以现状为基础，而且要对影响馆藏发展的各种因素及发展趋势进行科学的分析和预测，如信息技术的发展，信息载体的变化，图书馆服务任务及读者需求的变化，社会经济、政治、文化发展的影响，等等。只有对这些因素进行科学分析和预测，才能使信息资源建设政策不仅具有现实指导意义，而且能适应未来环境的变化[①]。

基于以上分析，本书所拟定的《公共图书馆信息资源建设规范（草案）》中，对于公共图书馆的信息资源建设的数量投入做了如下规定。

公共图书馆信息资源建设委员会负责信息资源建设政策的制定与维护。信息资源建设政策制定应以图书馆的信息资源现状为依据，并结合图书馆的任务与读者的实际需求。

4.2.2　信息资源建设政策的内容

公共图书馆信息资源建设政策应与图书馆战略规划保持一致，且及时、定期更新，其内容应包括以下部分。

- 图书馆信息资源现状分析
- 图书馆信息资源建设规划
- 各类型资源具体的建设政策

印刷型馆藏建设政策

数字馆藏建设政策

① 肖希明，张璇. 我国信息资源建设政策体系的构建[J]. 图书情报工作，2008，（12）：47-50.

- 图书馆信息资源管理政策
- 图书馆信息资源建设经费分配政策
- 图书馆信息资源典藏政策
- 图书馆信息资源的评估、维护政策
- 图书馆信息资源安全政策
- 图书馆信息资源共建共享政策

4.2.3 信息资源建设政策制定的程序

公共图书馆信息资源建设政策制定是一个动态的过程，必须按照一定的程序进行。

1）成立信息资源建设政策制定工作小组

该小组由图书馆馆长、图书馆各业务部门的业务主管、资深馆员组成，而且要吸纳一定比例的读者和代表参加。

2）深入调查研究，收集相关信息

利用已得到的信息对信息资源建设活动进行分析、研究和预测。

3）拟定政策草案

政策草案应该用通俗而明白的语言阐述政策的内容，以供馆员和读者讨论。

4）征求修改意见

馆务会议应对政策文件草案进行讨论，并向馆员和读者公布，征求修改意见。

5）修改政策草案

根据馆员和读者意见对草案进行修改，并提请图书馆咨询委员会进行讨论，再次进行修改。

6）报批政策草案

向图书馆上级主管部门报告政策草案。

7）公布政策

将正式审核通过的信息资源建设政策以各种形式向全体馆员和读者公布，并向有馆际协作关系的图书馆通告。

8）定期修订政策

根据政策的规定，对政策定期进行修改。

4.3　信息资源采集

信息资源采集是公共图书馆信息资源建设中最重要的环节，因此各级公共图书馆应根据本馆的任务、经费、读者对象等认真制定本馆的信息资源采集规范，保证馆藏信息资源建设的完整性和系统性。在信息资源采集过程中应坚持可靠性、完整性、实时性、易用性等原则，力求做到信息的价值性与用户的需求性相结合。公共图书馆信息资源采集规范的内容包括：信息资源建设的总原则、信息资源采购政策的制定原则及其编制的步骤与方法、信息资源的用户需求评估、图书馆信息资源结构的构成、信息资源采集方式、信息资源采集工作流程、信息资源预算管理、信息资源采集人员行为和培训等。其中，按照信息资源结构的构成进行规范可分为印刷型信息资源采集规范和数字资源采集规范，按信息资源采集方式进行规范可分为信息资源购买方式的规范和非购买方式的规范。本书制定的公共图书馆信息资源建设规范关于信息资源采集的规定主要包括购买方式、自建方式和其他采集方式三个方面。

基于以上分析，本书所拟定的《公共图书馆信息资源建设规范（草案）》中，对于公共图书馆的信息资源采集总体上做了如下规定：

> 为保证馆藏信息资源建设的完整性和系统性，各级公共图书馆应根据本馆的任务、经费、读者对象等认真制定本馆的信息资源采集规范。
>
> 公共图书馆应制定科学合理的信息资源采集方针，在采集过程中须坚持可靠性、完整性、实时性、易用性等原则，力求做到信息的价值性与用户的需求性相结合。

4.3.1　购买

购买的采集方式是图书馆向出版发行单位和个人有偿获取文献信息的方式，是图书馆补充藏书的主要方式和经常性来源，是保证图书馆有计划、有针对性入藏文献，建设系统的藏书体系的主要方式。购买内容主要分为对传统资源和数字资源的购买。

1．传统资源

1）传统资源的购买方式

对于传统资源，我们主要采取以下几种购买方式。

（1）订购。

传统的订购就是预定，是指文献采访人员依据出版发行部门提供的征订目录进行圈订，然后送交出版发行部门，按预约计划购买文献资料的方法。它包括期货文献预定和现货文献订购两种方式。传统的预定是某出版商在出版书籍之前，向图书馆或其他相关单位征求其订购数量，以确保出版书籍的销售渠道，这种方式与出版商的利润联系紧密，却忽视了书本对图书馆的利用价值。传统的文献采集方式明显存在着弊端，因为文献采集人员获得图书出版信息的唯一来源是各类征订目录。随着出版发行行业的发展，传统的预定已经不存在，出现了几种新的订购方式，如网购、委托代购等。

随着市场竞争的激烈，网络技术的广泛应用，越来越多的出版社开始进行网上销售，网上书店的数量和规模也不断扩大。出版商已不再通过书目征订这种单一的图书营销渠道，网上选购为图书馆文献采集方式带来了革命性的飞跃。采集人员利用书目信息进行鉴别、筛选后可在网上直接订购或向出版社、图书进口公司订购。网上订书、选书的优势是能迅速准确获得所需图书，而且漏购率低，时间短，还可节省购书经费，因为大多数网上书店会打折销售。但利用网上书目直接选书、购书的工作方式将大大地增加信息采集人员的工作量及工作难度。

委托代购是指文献采访人员委托他人在外地或国外选购所需文献材料。一般来讲，代购的文献都是具有一定价值或信息用户急需而本地没有货源的文献材料。代购的形式有两种：一是临时性代购，就是委托他人按照所列书单到外地、外单位选购文献资料，如是外文文献资料则可委托出国人员或外文书店采购人员代购。二是长期性相互代购，就是委托外地有友好关系的单位按一定的范围和数量代购当地的信息资料，建立起长期互相代购的关系。采用这种方法的优点是及时有效，但委托他人代购必须开列书目和限量，要注意避免错购和重购。

出版社、书店、邮局、图书进口公司、内部书刊编印单位，凡是计划发行的或所拥有的各类出版物，都预先编制征订目录，向各单位和个人用户征集具体订数，图书馆根据需要选择圈选，并在预订单上填写所需文献的名称或编号、所需份数等，在规定的时间内向文献出版发行机构返回订单，待文献出版后出版发行机构按预定的种数、册数供应订户。图书馆是各种大宗出版物最主要的单位订户之一。

预定是图书馆等文献信息机构有计划采集文献的比较可靠的方法。其优点是文献信息来源保障率高，文献采访人员和出版发行部门都能够掌握主动权，不至于重复和遗漏。但这种方式也有局限性，一是征订目录的著录过于简单，采访人员单凭书目订单根本不能完全了解图书的内容和水平，加上有时带有广告色彩，就容易错购或漏购；二是目录所登载的文献仅是计划出版，因此会出现因订数过少而不出版的情况，从而影响图书馆的文献采集计划；三是通过预定的文献到馆周期过长，预定手续复杂，这些都给文献采集带来困难；四是各种各样的书店书社、图书中心、发行公司及出版社、编辑部乃至著者本人，纷纷将订单寄到图书馆采访部门，使工作人员无法得到准确的出版信息，而且由于同一选题重复出版，对同一种书在不同书目中重复征订不作说明，很容易造成重购。因此，图书馆要搞好预定工作，要求文献采访人员必须熟悉发行渠道，掌握书源信息，广泛收集征订书目和出版状态，科学地选择所需书刊品种与复本，合理地分配购书经费，注重品种与复本数量适当，及时准确地填报征订单。图书馆还可与出版发行机构签订合同，规定预定文献出版后到馆的期限，对过期未到的文献可通过其他的方式、渠道补购，同时做好预定的准备、检查、验收和登记工作。

（2）现场采购。

现场选购，即现购，是指文献采访人员直接到书店、书市或出版销售部门选购书刊。这种方法能获得预定所得不到的书刊，如有些发行量小的书、内部发行的图书、古旧图书、地方出版物等，往往不经过征订就直接在市场上销售。有些漏订的书、预订不足的书及需要临时补配的书，都需要到书店、书市、出版社及有关单位直接选购，因此，文献现货选购成为文献补充和采集的重要方式。尤其是现代电子信息技术的飞速发展，使以前采访人员在现购时面临的重购问题迎刃而解，采访人员只要通过笔记本电脑或电子信息网络的使用就可解决查重的问题。

现购的方法有两种：一是在本地区直接选购，图书馆可与各类图书发行机构建立长期购销关系。书商根据图书馆提供的收集藏书范围、重点和复本基数预留新书，采购人员定期去书店购买所需图书品种与复本，经过筛选后不需要的图书可及时退还。二是到外地采购，主要是利用书展和书市的机会前去采购。文献采访人员在外出采购时，必须先要熟悉馆藏，明确外出采购补缺范围，编制补充采购计划等。

现购可以弥补预定方法的不足，一些漏订的文献和发行量小的文献都可以通过现购的方式来解决。更重要的是，现购能看到实物，并据此进行鉴别和选择，了解其内容与质量，以决定取舍，简便而迅速。但由于现购受文献服务部门拥有的品种数量的限制，在采购时偶然性大，很难保证文献采访的完整性和系统性。所以，直接选购图书的方法对于小型图书馆来说，是一种主要的购书方法，而对于大中型图书馆，仍是一种辅助购书方法①。

（3）招标采购。

招标采购也是公共图书馆在采购信息资源时常用的方法。1999 年《中华人民共和国招标投标法》及 2002 年《中华人民共和国政府采购法》的先后出台，为图

① 马费成. 信息资源管理[M]. 北京：高等教育出版社，2006.

书馆的规范采购提供了理论依据。采购招标是图书馆向书商公开交易条件，以征询书商最佳报价的图书采购方法。招标方式将市场竞争机制引入图书馆图书采购过程中，它具有以下优点。

第一，降低图书购买成本，提高图书经费使用效益。通过招标的方式，可在书商之间产生一个竞争的环境，书商会把自己的利润出让给图书馆，节约下来的这一部分仍可用于继续购书，从而达到提高图书经费使用效益的目的。第二，简化采购手续，节省采购时间。通过招标方式确定书商后，可以通过书商获取各种类型的图书目录，也可由书商组织进行现场采书，图书馆只需对书商结账即可，其余事务均可由书商负责，可以使图书采购人员专心于图书的选购，从繁杂的事务性工作中解脱出来。第三，提高图书采购质量，降低图书加工成本。通过采购招标，可以吸引更多的书商参与竞争投标，图书馆通过审查和评定投标人的投标资格和投标文件，广泛了解到社会上具有实力的书商，从而能在众多的书商中选择实力雄厚、信誉好、服务水平优良的中标书商，从而保证采购图书的质量。第四，采购质量有了基本的法律保障，有利于将图书采购工作规范化。通过招标，图书馆与供应商双方的合作得到法律的保护，图书资料的采购质量有了基本的法律保障。图书招标采购有利于将图书采购工作规范化，并纳入学校采购工作整体管理的范围，这也符合《中华人民共和国政府采购法》中对大额固定资产采购的管理规定。第五，有利于提高图书采购透明度。随机抽取委托招标公司，乃至整个图书招标采购过程均严格按政府和单位采购的有关规定程序去操作，实行“公开、公正、公平”的竞争原则，以往供应商用回扣开道的做法已行不通了，折扣率成为阳光下的行为，暗箱操作和图书馆领导及采购人员在经济问题上的尴尬处境得到很好的化解，可以让国有资金完全用于馆藏建设，树立图书馆的良好形象。第六，提高了采编部门的工作效率。传统的采访活动涉及相当多的事务性工作，包括数据的录入、查重、订单的投送等。实行招标后，在市场竞争的压力下，为了改善服务质量，供应商不仅及时向图书馆推荐样书、新书以供甄选，而且提供图书 MARC（machine-readable cataloging，机读目录）数据。这样，图书馆在节约人力资源的同时，也提高了工作效率，缩短了图书从进馆到上架的周期，使之能尽快地投入流通过程中与读者见面，避免了新书不新的情况。

虽然采购招标具有很多优点，但是仍有许多问题需要我们重视，如在图书招标采购实施之初，由于经验不足，许多图书馆将整个中文图书采购只局限于一家供应商，造成图书采购极不灵活的弊端；由于图书招标采购采取的是期货订购与书商提供的现场采购相结合的方式，师生们一些急需的教学参考书、科研用书、特殊出版物（如音像资料等），或者一些畅销书、热门书、考试资料、计算机类的图书和正在播放的影视剧有关的图书，等等，从文献招标到书刊到馆，需要更长的时间，这些滞后图书等到读者使用时，可能已变成了压架书，导致了读者需求与图书馆供应之间的矛盾。一些书商在投标前暗中达成一定的协议，以高价竞标，并保证互不竞争，迫使招标单位不得不以较高的价格达成交易，陷入比较被动的局面。低价抢标从表面上看似乎可以为图书馆节约大量的经费，但事实上，低价抢标者在履行合同的过程中为了保障自身利益可能会采取不正常的措施，出现一些问题，如以次充好、乱搭配特价书、到书率低、服务质量差等。即使图书馆发现这些违反合同的情况后另行招标或通过法律途径要求索赔都很难补偿由此造成的损失①。

除上述几种传统资源的采集方式外，还存在其他的采购方式，如邮购。邮购也称函购，它是指文献采访人员根据有关的广告、书目、订单等直接与外地书店的邮购部、出版社的读者服务部、有关单位的图书经销部挂钩，按照所开列的书目或范围数量要求，采用邮寄托运的方法购买所需文献资料。邮购的对象一般都是在本地脱销或购买不到的出版物，这种方式能起到补漏、补缺的作用，是一种辅助性购书方法。另外，复制也是图书馆信息资源采集的重要方法之一。复制是指采用多种复制方法获得复制品。对图书馆来讲，复制也是一种补充稀缺书的好方法，如孤本、善本、无法购入的原版本等，均可通过复制获得，这样复制品可代替原版书刊为读者使用。复制的方法包括抄录、照相复制、缩微复制、录音录像复制、扫描仪扫描、光盘刻录复制等。复制文献虽然通常需付一定的费用，但却是获得珍贵书刊和罕缺资料的好形式。但同时，亦需注意解决版权问题。

2）传统资源的购买流程

传统资源是公共图书馆资源的重要组成部分。本书将传统文献的购买流程规范为以下三个阶段，即选书阶段、订书阶段和验收阶段。各阶段都有具体的程序和要求，彼此间相互衔接，构成科学合理有序的文献采集流程。

（1）选书阶段。

选书阶段是订购前的准备阶段。这一阶段的工作主要包括：制订采访工作计划；研究图书市场，调查书源信息，收集有关书目；调查读者需求；研究书目；进行查重；审核初选书目。

图书馆进行文献采选首先要制订采访工作计划，计划内容包括：一定时间内的采访目标；确定学科范围、文种结构、文献收藏级别；各种介质文献的比例关系（类型结构）；文献采访协作及其对本馆采购工作的影响；文献选择的标准和基本原则；采选模式与采选程序；采访人员的责任与权限；文献经费预算与分配；工作进度。其次是对各种征订目录的收集，书目信息齐全，才能有更好的选择余地，对同类书刊通过比较来选择比较优秀的进行订购，才不会出现漏购和错购。另外，还要对读者需求进行分析，确定大体用户。再次要对征订目录上的文

---

① 游丽华. 图书馆信息资源建设[M]. 北京：中国社会科学出版社，2008.

献进行圈选，选择的文献是否合适，直接关系到馆藏文献资源的质量。最后采访人员对经过选择决定采集的文献进行查重，即检查核对本馆以前是否订购过该种书以及订购的数量，以免重复浪费。

（2）订书阶段。

订书阶段是初选和查重后的采购行动实施过程。采购人员在通过综合平衡确定了合理的复本数量后，要尽快办理相关审批手续，填报预订单、寄发订购单，即完成订购工序。

目前，国外文献信息机构多通过网上书店购买选定所需文献，国内则较少。网上订购方式要采访人员将所选文献放入“购物车”，并查看购物车内所选的文献，然后提交订单，书店收到订单后会很快给用户发出“订购确认”的电子邮件，如果用户发现订单有差错，可以及时纠正。这种方法便捷有效，而且还可享受打折优惠。

（3）验收阶段。

图书馆预订的书到馆后，要及时进行验收。验收包括七个环节。一是订购的核对：根据订单核查到货的图书是否为本馆所订，检查是否有错发、漏发、搭配等现象，应在随书发送的清单上详细记录，并将非本馆所订的图书做退货处理。二是质量的验收：主要是检查文献是否有缺页、重页、倒装、污损、毁坏等问题。如有问题应在清单上注明。分析问题产生的原因，责任在对方时应及时做退换处理，责任在己方的应交给主管人员处理。三是数量的核对：核对文献数量与到货清单数量是否一致，如两者出现不符的情况，应在清单上注明。对到货清单上列有书名，而文献没有到货的情况也要在清单上及时注明，以作为实际结算的依据。同时核对配送文献的复本量是否准确。订数不足的应通知供货方及时补足，复本量多余的做退货处理。四是价格的核对：核对图书价格与订单价格、清单价格是否一致。发现清单价格和实际价格不符，应在清单上标明实际到馆价格。对实际价格高于订货价格的图书是否入藏，可按本馆相应的规定执行。五是装帧的验收：对文献的装帧形式进行检查，对一些经折装、卷轴装、活页及特殊开本的文献是否入藏应根据本馆规定进行处理，如没有必要入藏也可做退货处理。六是内容的验收：核查文献的内容是否符合本馆的入藏标准，发现文献实际内容与本馆入藏标准不符的问题，应与供货方商议做退换处理。有些文献的内容不适合对所有的读者开放，验收时也应特别注意。七是总金额的核对：每批图书验收完毕后，要根据实际验收情况重新核算金额，使到馆文献的金额与清单完全符合，并作为财务结算的依据①。

随着计算机在图书馆的广泛应用，图书馆传统馆藏文献采访工作程序也发生了

① 图书馆文献采访工作规范[Z]. 2010.

改变，更多的大中型图书馆采用了计算机文献采访系统，这些系统一般都具有处理订单、制作预订卡、查重、登录、验收、统计等多项功能，初步实现了文献采访的现代化管理，提高了工作效率和质量。图 4.1 是以现场采购为例的简易结构图。

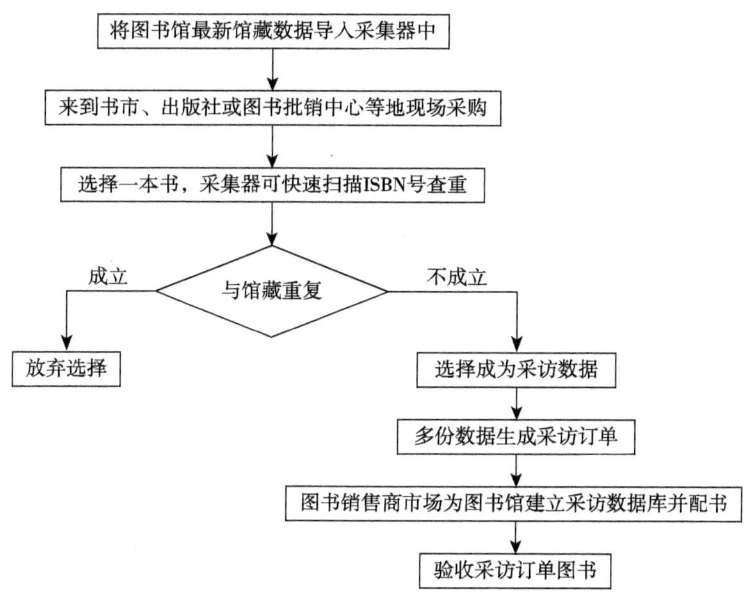

图 4.1　现场采购简易结构图

2. 数字资源

1）数字资源的购买方式

图书馆在采集数字资源时，除了传统的单独采购外，越来越多地使用以下几种采购方式。

（1）捆绑采购。

捆绑采购是指图书馆在采集信息资源时将纸质信息资源与网络数据库捆绑在一起，一并加以购买的方式。这分两种情况：以购买一定金额的纸质信息媒体为前提，同时购买网络数据库；以购买网络资源为前提，同时获得优惠购买该资源的纸质或光盘型信息资源的权利。

（2）协调采购。

协作协调与合作采购是信息资源共享的需要，它是指一个地区或一个国家内不同的信息资源机构，或相邻的不同国家之间共同制定信息资源采购计划，分工协作采购信息资源，以建立一个完整的信息资源保障体系。协调采购的合作方式主要有三种，一是集中式，二是分散式，三是集中和分散相结合的方式。协调采购不仅能使信息资源机构有重点地采集信息资源，避免重复浪费，节省人力、物力和财力，完善信息资源保障体系，更好地满足信息用户的需求，实现信息资源共享，而且还节省大量的资金，这对一些采集资金紧张的信息资源机构来说，确实是非常好的资源采集方法。

协调采购被国内外的信息资源机构广泛采用，尤其是在网络时代协调采购就变得更为重要。例如，在引进网络版数据库方面，许多信息资源机构就可进行合作，联合购买，这样既节省了经费，又可引进更多的数据库，实现信息资源的共享。

（3）集团采购。

由于数字资源，尤其是电子出版物采购费用昂贵，单个图书馆购买能力有限，因此要建立电子出版物联合采购机制，如采用集团采购模式。集团采购是指由多个图书馆自愿组成集团，联合采购某种电子资源，共同承担电子资源的购买费用，以最少的经费，获取最优价格、最佳服务和最符合需求的电子资源，主要包括地区集团、全国集团、行业集团三种形式。它已成为电子资源尤其是网络数据库的主要购买方式，是图书馆资源共建共享在网络环境下产生的一种新模式[①]。

2）数字资源的购买流程

数字资源是公共图书馆信息资源不可或缺的一部分，对数字资源的购买流程规范：采购时成立专门的“数字资源采购小组”，其成员主要包括馆长、采访人员、参考咨询人员、技术保障人员等。该小组负责对图书馆引进的数字资源进行全方位深入调研，并参与同数据库商的协商谈判。他们主要工作是确定数字资源采购的需求分析，制定符合本馆实际的采购原则。在数字资源采购过程中，一般采用以读者需求导向、注重质量、协调性、特色化及成本效益等原则进行数字资源采购。以集团采购为例，具体流程如图 4.2 所示。

基于以上分析，本书所拟定的《公共图书馆信息资源建设规范（草案）》中，对于公共图书馆的信息资源的类型上做了如下规定：

> 省级公共图书馆应重点收藏珍贵文献、专利文献、标准文献，本省的地方文献、特色文献和国内出版社、报社、杂志社等出版单位出版的主要报刊、丛书、多卷书及国外主要出版物。
>
> 公共图书馆资源建设要兼顾资源载体和使用权的购买，要保证基本馆藏信息资源的完整性和连续性，特别是要保证重要文献、特色文献和地方文献的完整性和连续性。

---

① 程焕文，潘燕桃. 信息资源共享[M]. 北京：高等教育出版社，2004.

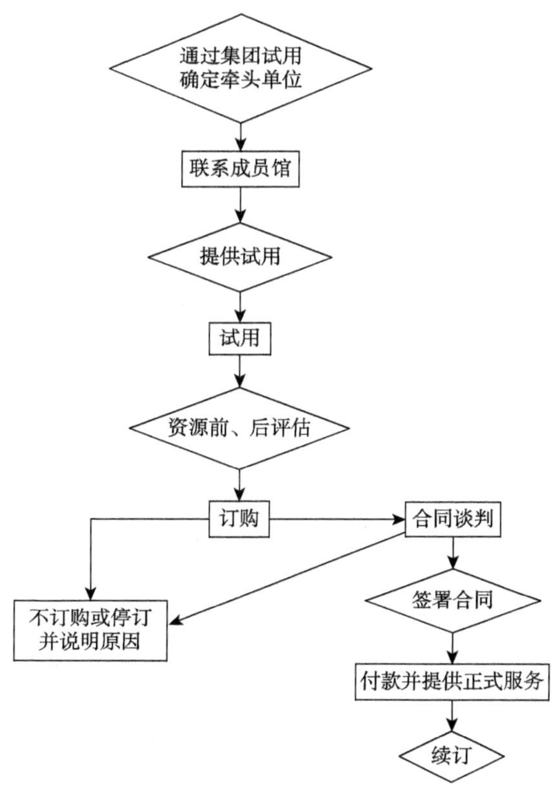

图 4.2　集团采购具体流程图

4.3.2　自建

1. 自建数据库类型

除了购买以外，各公共图书馆还可以把本馆的文献资源数字化，形成自建数据库。自建数据库可以分为两类，一是馆藏书目数据库，二是特色馆藏或专题数据库（即特色数据库）。

1）馆藏书目数据库

馆藏书目数据库的资料主要来源于各馆的回溯书目数据库和添加的新数据库。回溯数据库的建设又称回溯建库，即将书目文献信息资源数字化，并采用科学的方法将它们合理组织成相互关联的数据组合，存放在计算机的存储器中，便于有关软件的存取，供用户随时在网上查询利用。本书将书目数据库建设规范分为三种模式：一是自建数据库，二是套录标准源数据库，三是套录与自建相结合。还有较多的图书馆采用联机编目合作建库与业务外包方式。

（1）自建数据库。

所谓自建数据库，即将本馆图书书目数据逐条输入计算机中形成馆藏书目数据库。通常有两种方式：一是使用编目子系统的录入功能，直接形成馆藏书目数据库，又称原始编目。另一种是通过格式转换将标准 MARC 格式数据转入系统形成馆藏书目数据库，大批量回溯建库，可采用此模式。

（2）套录标准源数据库。

套录标准源数据库，简称套录，即通过对外来数据源进行查对，将符合馆藏记录的数据进行补充、修改，并加注馆藏信息的过程。将外来数据源作为本馆回溯建库套录依据，其质量的好坏，必然影响到本馆书目数据的质量。因此，在选择外来数据源时，一定要选择编制机构力量强、权威性高、严格按 CNMARC（China machine-readable catalogue）格式著录的标准化、规范化数据库。

（3）套录与自建相结合。

先通过套录外来数据建库，对于套录不到的图书，采用自建数据库方式，这种方式即套录和自建相结合的方式。建设书目数据库应尽量利用现有的标准书目数据，对现有标准书目数据上没有的书目，集中力量，统一标准，联合建库，将书目数据库上网开展联机编目，实现信息资源的共建。一般来说，联合编目大都采用这种方式。

（4）联机编目合作建库。

联机编目是指利用计算机和网络环境，由多个图书馆共同编目，合作建立具有统一标准的书刊联合目录数据库，在此基础上实现联机共享编目，即任何一个授权成员馆将入馆新书刊编目上传以后，其他馆都可以在网上查询下载。

（5）业务外包方式。

编目业务外包是指图书馆与书商（信息公司）之间通过合约，由图书馆将其编目的整个工作委托给书商（信息公司）代为加工。本书将业务外包规范为以下两种模式：一是外送加工模式，即图书供应商按图书馆的要求将图书资料在供应商自己的经营加工场地进行加工的一种模式。图书加工所需的辅助材料和人工费用都由供应商承担。供应商在图书加工完毕后，将图书送到图书馆，由图书馆验收上架。二是到馆加工模式。到馆加工模式是图书供应商根据图书馆的要求，派出专业的图书编目加工人员来到图书馆帮助完成图书分类、编目、加工等工作的一种模式。图书加工所需的材料成本和人工费用仍均由供应商提供。

2）特色数据库

特色数据库是指依托馆藏信息资源，针对用户的信息需求，对某一学科或某一专题有利用价值的信息进行收集、分析、评价、处理、储存，并对照一定标准和规范将其数字化，以满足用户个性化需求的信息数据库。

建设特色数据库要注意以下三点：第一，独特性。建成的数据库具有其他数据库不具备或很少具备的特点。第二，全面性。保证建立的数据库的数据完整全面。第三，标准化[①]。为数据库的建设提供通用性和可行性的保障。

2. 自建数据库基本流程

自建数据库是公共图书馆信息资源的特色组成部分。在这里以特色数据库建设为例对自建数据库建设的基本流程做了如下规范：选题—资源调查分析—功能调查分析—技术与规范的准备—数据库建库结构的确定—数据库的整理存储—数据库的发布信息—数据库的管理维护。在建设特色数据库系统时，应遵循关于数字化加工、资源描述、资源组织、资源互操作和资源服务等方面的标准和规范。我国已经开始了《中国数字图书馆标准规范建设》的研究工作，特色数据库具体建设过程中特别注重了建设流程的规范问题，为与其他CALIS特色库子项目资源信息共享打下基础。其具体流程图如图4.3所示。

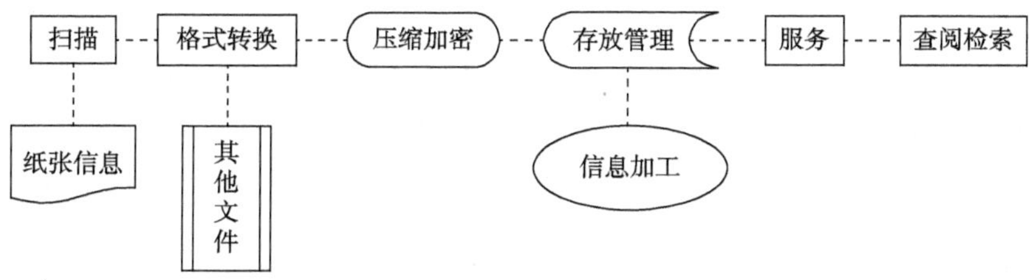

图4.3　自建数据库流程

4.3.3　其他采集方式

除采购和自建外，还存在许多信息资源采集方式。

1）呈缴

呈缴（deposit）本制度是指国家通过法律或法规规定，全国所有正式出版机构的出版物，均应向国家或地方指定的图书馆等单位，缴送一定数量的样本。呈缴本制度对于保证图书馆完整地收藏本国出版的文献，传承民族文化遗产，保障国家出版物书目通报制度，其重要性是不言而喻的。呈缴本制度保障的是社会公共利益，是一项典型的国家公共政策，它的实施不可能完全靠市场调节，不可能依赖个人的、集团的利益驱动，也不能被动地等待相关关系者的自觉自愿。因此，早在1537年，法国就制定了世界上第一部图书呈缴法。此后，世界上大多数国家都先后制定了出版物呈缴制度。我国呈缴本制度起源于1906年清政府颁布的《大清印刷物专律》。中华人民共和国成立以后，政务院于1951年颁布实施《管理书刊出版业、印刷业、发行业暂行条例》，1952年出版总署颁布了《关于征集

① 肖希明. 信息资源建设[M]. 武汉：武汉大学出版社，2008.

图书期刊样本暂行办法》，开始建立呈缴本制度。1979 年，国家出版局发布《关于修订征集图书、杂志、报纸样本办法的通知》，使呈缴本制度进一步完善。改革开放以来，我国有的地方政府也颁布了关于出版物呈缴的规章和规范性文件，从而基本形成了一个以国务院条例为母法，由行政法规、新闻出版总署的规章和规范性文件、地方政府规章和规范性文件所构成的呈缴本制度体系。

公共图书馆是接受呈缴本的主体。然而，目前我国还缺乏由公共图书馆法规所规定的，纯收藏保存性的呈缴本制度体系。虽然目前已有部分省（自治区、直辖市）、计划单例市的地方性公共图书馆法规或规章对呈缴本制度做出了一些规定，但即使是刚刚颁布的《中华人民共和国图书馆法》也没有涉及呈缴本制度的相关条款，无法形成覆盖全国的公共图书馆法呈缴本制度体系。从构成要素分析，我国呈缴本制度存在的主要问题有：呈缴本制度的不统一性、呈缴受体的众多性、呈缴者权利和义务的不一致性、呈缴物的复杂和多样性，以及呈缴方法的单一性①。因此，在制定信息资源建设规范过程中应调整呈缴制度管理者、呈缴受体和呈缴者之间的法律关系，呈缴受体之间的关系，以及保障版本的完整收藏保存与保护呈缴者权益之间的关系。应当建立全国统一的呈缴本制度，建立公共图书馆呈缴本收藏体系和呈缴者单一呈缴的制度，以及建立以“免费呈缴”为主的多种呈缴方式和鼓励呈缴的制度。

2）交换

交换是指信息资源机构用自己采集的信息资料同其他相关部门之间直接展开交换，或通过协调机构间接开展交换，以达到互通有无、调剂余缺的目的。这种方法是获取内部文献资料和难得文献资料的主要来源。文献资源交换类型多样，从范围上可分为国内交换和国际交换；从时间上可分为长期固定交换和短期临时性交换；从形式上可分为直接交换和间接交换。具体的交换方法有三种：一是对等交换，即一书换一书，小册子换小册子，杂志换杂志；二是等价交换，即在一定时期内，交换者双方互相提供同等价值的出版物；三是不对等交换，即交换者双方互相根据实际情况不定期不定量地自由交换信息资源。

3）捐赠

公共图书馆接受文献捐赠已成为常规的业务，但也面临一些新的课题。例如，有些捐赠者出于良好的愿望，将自己积累的图书资料捐赠给图书馆，但所谓捐赠文献有的内容已经陈旧过时，失去利用价值；有的图书馆建立了捐赠者书库或在阅览室建立个人专藏，这固然是对捐赠者的尊重，但却无形中降低了文献的利用率，也不一定符合捐赠者希望文献充分利用的初衷；有的图书馆对受赠文献管理不善，以至出现过名人捐赠的图书流入街头书摊的事件。凡此等等，说明国

---

① 肖希明，张勇，等. 公共图书馆文献资源建设法律保障研究[M]. 北京：国家图书馆出版社，2011.

家有必要对文献捐赠从法律上进行规范。

目前，适用于公共图书馆接受文献捐赠的法律有《中华人民共和国公益事业捐赠法》。依据此法，可以明确文献捐赠中的法律关系，如图书馆的法定受赠人资格、捐赠文献的所有权问题、捐赠关系的无常性和自由原则等。除此之外，有必要在规范中规定图书馆与作者、捐赠人和资助人之间在涉及版权的合理使用、法定许可和捐赠图书的使用等方面产生的权利义务关系。通过相关规定来鼓励社会团体、企业或个人进行文献捐赠。对于图书馆本身而言，应明确图书馆对于捐赠文献质量审查以及管理的义务，并在遵循图书馆法相关规则的情况下，根据图书馆自身的实际情况建立完善捐赠工作条例制度，以促进捐赠文献的利用。

4）调拨

调拨一般是指在上级主管部门或信息资源协调机构的组织下，有计划地将一些信息资源机构的藏书调拨给另一些有需要的信息资源机构。调拨一般都是大批量地进行，这是一种节约经费、互通有无、补充馆藏的好办法。调拨书刊有三种来源：一是来自撤销单位；二是来自馆藏基础雄厚的单位；三是来自复本过大、呆滞书刊过多的单位。对此，接受单位可根据需要有选择地入藏。

5）征集

征集主要是对非正式出版单位出版的内部书刊资料，采取主动发函或上门访求的方法，也可采取在报纸上刊登广告或征书启示的办法，有针对性地进行征集。

6）索取

索取是信息资源机构直接用通信联系或派人上门去取回自己所需文献信息的一种方法。这种方式虽比较经济，但也不能漫无目的地盲目索取，否则会给文献资源的筛选和鉴别造成不必要的麻烦[①]。

科学合理的信息资源采集方式是公共图书馆信息资源采集规范的重要组成部分，规范的合理性是公共图书馆信息资源采集的重要依据。因为，公共图书馆通过规定实施操作，才能发现问题，反馈信息，从而保证公共图书馆信息资源采集规范更加科学、合理。两者是相辅相成，互不分离的关系。以公共图书馆为例，关于公共图书馆信息资源采集规范，本书给出以下建议：①根据本地区经济、文化、教育与科技发展的需要，以综合性、通用性文献为主，注重人文、社会、科学文献的收藏；有目的、有计划、有重点、多渠道地收集国内外文献信息。②采选工作以有效满足用户需求为出发点，加强读者需求、出版动态和书源书价的调查分析，认真筛选，合理使用经费，做好采购工作。③结合原有信息资源基础，采集信息资源时应注意保持馆藏重要信息资料的完整性和

① 吴慰慈，董炎. 图书馆学概论[M]. 北京：北京图书馆出版社，2002.

连续性，注意尽量收藏本地区的正式出版物和与本地区相关的文献，作为特藏部分。④期刊图书的采购以预订为主，现购为辅，交换、受赠补充。⑤电子期刊及数据库的采购原则上以参加集团采购、政府采购为主，同时应注意保持连续性订购，需要增删种类时，要优先考虑权威性、综合性。⑥采集比例应根据各个时期本地区发展、价格浮动及其他因素的影响来确定。⑦到馆的新图书期刊须逐件核对清单种数、册数、价格，发现错订、错发及污损缺页应及时与征订单位联系解决，并做出文字记录。⑧适当采用交换、呈缴、受赠、征集、申请、复制、网络搜索等信息资源非购买方式①。⑨规范采访工作流程：规范图书采访流程、期刊预订工作流程、电子资源订购流程、业务外包流程、招标采购流程、图书期刊核对验收工作流程。

基于以上分析，本书所拟定的《公共图书馆信息资源建设规范（草案）》中，对于公共图书馆的信息资源采集方面做了如下规定：

> 公共图书馆可选择适当、灵活的信息资源采集方法。应以购置为主，积极进行资源自建，积极推动呈缴本制度的建立和落实；也可适当采用交换、征集、调拨、索取、捐赠等其他采集方式。

4.4 信息资源组织与管理

图书馆信息资源的组织与管理是为了实现图书馆有效保存和积极利用信息资源的目的，而对馆藏信息资源进行整序、布局及科学管理，使之成为有序化的科学的信息资源的过程。图书馆信息资源的组织与管理的意义在于：使图书馆的资源始终保持良好的结构状态和可持续发展的生命力。因此信息资源组织与管理也是公共图书馆信息资源建设规范内容的重要组成部分。

本书所拟定的《公共图书馆信息资源建设规范（草案）》中，对于公共图书馆的信息资源组织总体上做了如下规定：

> 公共图书馆应按照科学性、系统性、选择性与完备性、共享性、安全性等原则开展本馆信息资源组织活动。
>
> 公共图书馆应建立信息资源存储系统，提供检索工具，开发信息资源，开展以信息资源的利用为目的的信息资源组织活动。

① 马费成，赖茂生. 信息资源管理[M]. 北京：高等教育出版社，2006.

4.4.1　信息资源组织与描述

图书馆科学的信息资源体系不仅依赖于对信息资源进行长期的补充，而且有赖于对已获取的信息资源进行科学合理的组织与描述。信息资源的组织与描述是图书馆信息资源建设的重要环节，这一环节是信息资源建设工作目标实现的关键。图书馆信息资源建设的主要任务就是使信息资源由无序变为有序化，而信息资源的组织与描述的目的就是将无序状态下的文献通过一定的规则组织成有序的信息资源，并保持信息资源序列的最佳化。公共图书馆这一社会机构由于其自身的特点应按照科学性、系统性、选择性与完备性、共享性、安全性等原则开展其信息资源的组织活动。由此可知，提高公共图书馆信息资源质量和建立科学的信息资源体系，规范信息资源的组织与描述工作是很有必要的。

1）我国图书馆法规、规范对信息资源组织与描述的规定

《公共图书馆服务规范》规定开架图书需按《中国图书馆分类法》分类号顺序排列整齐。公共图书馆应借助计算机管理与书目检索系统，将纸质、电子和微缩等不同载体的馆藏文献目录向公众揭示，提供题名、著者、主题等基本检索途径，方便读者查询①。《江西省公共图书馆服务标准（试行）》规定图书排架应按中图法分类号顺序排列整齐②。《河南省公共图书馆工作规范（试行）》规定对新入藏的文献信息资源，应当按照国家公布的标准及技术规范，使用统一的分类法和编目标准，及时进行分类、编目，尽快投入流通。应建立完善的资源检索体系，实现计算机联网和目录的联合检索，满足业务发展和读者检索需要③。《山东省公共图书馆管理办法》规定公共图书馆应当按照国家有关标准，对文献信息资源进行分类标引、主题标引、编目、加工等整理工作，建立、完善馆藏文献信息资源数据库及其查询系统，方便社会公众借阅④。《上海市公共图书馆管理办法》规定公共图书馆应当及时对入馆的书刊资料进行验收、登记、分类、编目，并建立完善的书刊资料目录系统，安排专人负责管理，做到定期检查核对，保持书刊资料与目录相符。书刊资料的分类、编目工作，按照国家规定的统一标准进行。市和区（县）图书馆应当建立书刊资料目录数据库，实现计算机联网检索⑤。《江苏省公共图书馆管理办法（征求意见稿）》规定公共图书馆对新入馆的文献信息资源，应当按照国家公布的标准及技术规范，及时进行加工整序，提

---

① 国家质量监督检验检疫总局，国家标准化管理委员会. 公共图书馆服务规范[Z]. 2011.

② 江西省文化厅社文处. 江西省公共图书馆服务标准（试行）[Z]. 2014.

③ 河南省文化厅. 河南省公共图书馆工作规范（试行）[Z]. 2009.

④ 山东省人民政府. 山东省公共图书馆管理办法[Z]. 2009.

⑤ 上海市人民政府. 上海市公共图书馆管理办法[J]. 新法规月刊，1997，（2）：42-46.

供读者使用[①]。

从上述公共图书馆法规、规范对信息资源组织与描述的规定可以发现，大部分都提到了公共图书馆对新入馆的文献信息资源，应当按照国家公布的标准及技术规范对文献信息资源进行标引，个别规范如《公共图书馆服务规范》《江西省公共图书馆服务标准（试行）》提出了使用中图法对文献信息资源进行标引。在制定公共图书馆信息资源组织与描述规范的过程中应参考上述公共图书馆法规、规范所规定的相关内容，结合不同公共图书馆自身的条件，努力制定一个相对统一的标准，以便于全国公共图书馆事业的管理。

2）《公共图书馆规范》对信息资源组织与描述的规定

公共图书馆传统信息资源组织应根据《文献著录总则》和其后陆续出版的各个分则（包括《普通图书著录规则》《连续出版物著录规则》《非书资料著录规则》《地图资料著录规则》《档案著录规则》《古籍著录规则》《检索期刊条目著录规则》《文后参考文献著录规则》）为各种文献的描述选择相应的著录标准。下面对《文献著录总则》进行介绍。

在国家质量监督检验检疫总局、国家标准化管理委员会、中国图书馆学会和国家图书馆的共同努力下，1983 年 7 月正式颁布了全国文献著录标准系列中的《文献著录总则》，其后，又陆续出版了各个分则主要包括《普通图书著录规则》《连续出版物著录规则》《非书资料著录规则》《地图资料著录规则》《档案著录规则》《古籍著录规则》《检索期刊条目著录规则》《文后参考文献著录规则》。

我国国家标准《文献著录总则》是用于规范信息描述项目的准则。信息描述项目亦称著录项目，是用来揭示信息资源内容和特征的记录事项。根据描述特征间的关系，描述项目可分为基本描述项和描述子项目两部分。《文献著录总则》规定的基本描述项目分为 9 个大项目，依次为题名和责任者项、版本项、文献特殊细节项、出版发行项、载体形态项、丛编项、附注项、文献标准编号及有关记录项、提要项[②]。

这一系列文献著录规则，为各种文献，包括组织图书馆目录的文献资料对象以及组织期刊索引的处理对象的描述，建立了相应的著录标准。在上述标准中，《文献著录总则》是根据各类型文献的共同特点确定的文献著录原则、著录内容、格式和标记符号等的统一规定，其作用是规范和统一各类型文献著录标准的制订，以便建立统一的文献著录体系。各个分则是根据某一类型文献特点制定的该类型文献著录的原则、内容、格式等的规定。一般情况下，著录标准的作用是

---

① 江苏省文化厅. 江苏省公共图书馆管理办法（征求意见稿）[Z]. 2009.

② 国家质量监督检验检疫总局，国家标准化管理委员会. 文献著录总则[Z]. 2009.

为书目描述提供一个原则性的框架，不作为著录文献的直接依据。而同时应编制具体的著录规则或条例，作为文献著录的依据。例如，国际书目著录标准系列公布后，紧随着发表的 AACR2（anglo-American catologuing rules 2），即依据 ISBD（International Standard Bibliographic Description，即国际标准书目著录）确定的编目规则。但我国的国际标准系列中的各文献著录分则，多采用了两者结合的体例，既是著录的原则、框架的规范，同时也是具体的著录规则。它们与机读编码格式结合，成为信息描述标准化的主流。

本书所拟定的《公共图书馆信息资源建设规范（草案）》中，对于公共图书馆的信息资源著录方面做了如下规定：

> 公共图书馆对传统信息资源的组织应以《文献著录总则》和《普通图书著录规则》《连续出版物著录规则》《非书资料著录规则》《地图资料著录规则》《档案著录规则》《古籍著录规则》《检索期刊条目著录规则》《文后参考文献著录规则》等分则为著录标准。

图书馆一直是以书目描述为主要的资源描述方式，前文所述的 MARC 和 ISBD 即书目描述的主要标准和规则。如果图书馆的馆藏资源仍然限于传统的馆藏资源，那么 MARC、ISBD 等书目描述方法已非常成熟。但随着信息环境的变化、信息资源的发展，这些书目描述方法已不能完全适应网络环境下对网络资源的描述与组织的需求。为了实现对网络资源的描述与组织，元数据正成为人们关注的焦点和研究的重点。简单地说，元数据是关于数据的数据（data about data），是关于数据的信息（information about data）。从定义来看，图书馆的卡片目录、书目记录等都是元数据，MARC 亦是一种元数据格式。但由于元数据这一词汇概念起源于计算机科学，又是人们在急需解决网络资源无序化的环境下提出来的，所以当前元数据的研究重点主要还是网络环境下的数据描述和数据管理问题。近年来，关于网络资源的描述元数据发展较快，国内外图书馆界均开展了相关项目的研究。网络资源描述元数据一般应具有简便、灵活、可扩展、互操作等特点。目前，在网络资源描述中应用最广、最具代表性的元数据格式是都柏林核心元数据（dublin core，即 DC 元数据），国内外很多项目都是基于 DC 元数据进行的研制，如我国数字图书馆标准与规范建设（Chinese Digital Library Standards，CDLS）项目研制的《网络资源描述元数据规范》。此外，美国国会图书馆的元数据对象描述方案（metadata object description schema，MODS）在图书馆界也有一定的应用。MODS 适用于网络环境下多种信息资源的描述，但主要针对图书馆馆藏资源，其元素主要来自 MARC21，但比 MARC21 要简单，美国国会图书馆的网络资源保存计划中采用了该规范。因此在信息资源建设规范中对网络信息资源的描述，可采用《都柏林核心元素集》或相应领域的描述规范（如《文本编码倡议》《政府信息定位服务》《联合地理数据委员会的数字地球空间元数据》《可视资源核心范畴》《编码档案描述》《博物馆信息的计算机交换》等）作依据。这些描述规范一般由相应信息资源领域的专业人员制定，与电子环境下使用的需要结合，成为与传统文献描述规范共存的标准，其中最著名、最有代表性的是《都柏林核心元素集》。目前，对网络资源描述的规范仍在继续完善和探索之中。

基于以上分析，本书所拟定的《公共图书馆信息资源建设规范（草案）》中，对于公共图书馆的信息资源描述方面做了如下规定：

> 公共图书馆应根据本馆的信息资源特点，选择具有组织和揭示价值的信息资源特征作为描述项目，主要应包括题名和责任者项、版本项、文献特殊细节项、出版发行项、载体形态项、丛编项、附注项、标准编号及有关记录项、提要项等。

信息组织是信息资源建设的重要环节。在信息组织活动中，必须遵循一定的标准和规范，将这些标准和规范以规章制度的形式确定下来，就是信息组织政策。它主要包括以下内容。

目前信息组织中关于信息描述、序化与存储的标准化政策比较多。有关信息描述与揭示环节的标准有：ISBD 系列标准、AACR2、《文献著录总则》《连续出版物著录规则》等非数字化资源的著录和标引规范及 DC、MARC、EAD 等数字化资源的描述和揭示标准；有关信息序化的标准有：各种分类法（如 DDC、UDC、CC、BC2）和各种主题法（如 LCSH、汉语主题词表）等；有关信息存储的标准有：相关法律（《中华人民共和国档案法》）、格式和标识的标准、数字资源长期保存的标准（如 OAIS 等）。信息描述、序化与存储的标准化政策的制定就是要明确信息组织过程中所应遵循的标准，并确保按标准执行。这方面的政策法规目前大多以部门规章的形式出现，如交通部颁布的《公路水路交通信息资源目录体系总体框架》中针对交通信息资源的组织制定了核心元数据标准、标识符编码标准、资源分类标准以及其他相关标准；CALIS 针对重点学科网络资源导航库建设制定了统一标准和规范。

在公共图书馆信息资源建设规范中关于对信息资源组织与描述规定的内容还应包括：应根据本馆的信息资源特点选择具有组织和揭示价值的信息资源特征作为描述的项目，包括题名和责任者项、版本项、文献特殊细节项、出版发行项、载体形态项、丛编项、附注项、标准编号及有关记载项、提要项等，使描述记录可以充分反映本馆信息资源的基本特征和数据；公共图书馆一般应根据检索系统的特点和需要，规定记录描述项目的详略程度，作为进行信息资源描述的依据；不同的公共图书馆可以根据其设备条件和使用的需要，采用适合的描述级别进行记录；公共图书馆应规定统一的描述项目的次序、描述的标识、描述项目的表达形式等，以便可以以统一、规范的方式进行信息资源描述格式处理，方便不同公共图书馆之间的信息资源共享；公共图书馆应统一使用标准机读目录格式——《中国机读目录格式》（Chinese Machine-Readable Catalogue，CNMARC）进行书目描述的编码，也可根据自身需要选择合适的机读目录格式，如 UNIMARC（United Nations Machine-Readable Catalogue，即国际机读目录格式），USMARC（United States of America Machine-Readable Catalogue，即美国机读目录格式）等；如有可能公共图书馆应统一使用《中国图书馆分类法》对传统信息资源进行标引，也可根据自身需要选择合适的信息组织的技术方法，标引的程度方面应以检索目的、馆藏数量、馆藏规模、典藏设备、馆藏布局等适当规范标引的深度；公共图书馆对各种网络信息资源的分类方法，基本上与传统信息资源处理的方法相同，一般应按分类体系的特点将信息资源归入相对应的类目之下。但在以传统分类体系作为依据的情况下，可以以原有的类目为基础，根据信息资源情况对类目进行少量调整。

总体来说，信息资源建设组织规范的内容应涉及编目工作、编目自动化系统的选择、编目外包、信息资源著录规范、网络信息资源的开发与组织方式、人员要求与再教育、自动化管理系统的选择、馆藏资源数字化、数据库建设、数字化资源的长期保存等。体制上，公共图书馆首先应在加入“全国图书馆联合编目中心”的同时，建立以省图书馆为核心成员馆的全省公共图书馆联合编目中心，实现实体成员馆之间联合采购、联合检索与馆际互借等，以便更好地确保网络环境中编目著录工作的一致性、标准化、规范化。

4.4.2　信息资源的管理

对馆藏信息资源的管理是信息资源建设的重要内容，馆藏信息资源管理工作包括馆藏资源的保存、保护、布局、排架、典藏、清点、复选、剔除工作。要采取什么样的措施对馆藏资源进行保存保护，保存保护的范围和标准是什么，布局排架方式要不要统一规定，典藏工作的模式和规范是什么，清点、复选、剔除等工作如何开展，要不要建立贮存图书馆中心，等等事宜，都需要制定规范来加以确定。本小节将主要从馆藏资源布局与馆藏资源剔除两部分来详细说明本书在制定公共图书馆信息资源建设规范过程中关于信息资源的管理如何规定的。

本书所拟定的《公共图书馆信息资源建设规范（草案）》中，对于公共图书馆的信息资源布局和典藏工作总体上做了如下规定：

公共图书馆应以有效保存馆藏资源、提高馆藏利用率和用户服务水平、最大限度满足用户的信息需求、促进知识的有效管理和高效利用为目标，开展本馆馆藏资源布局与典藏工作。

公共图书馆在进行馆藏资源布局与典藏时，应遵循实事求是、系统性与协调性、连续性和前瞻性的原则。

1. 公共图书馆馆藏资源布局模式

第 2 章规范研究现状中对我国公共图书馆关于馆藏资源布局的规定已经做了研究综述，并发现各省（自治区、直辖市）关于图书馆文献资源布局规定的内容过于笼统。因此本书在公共图书馆信息资源建设规范中关于馆藏资源布局的规定要避免内容过于笼统。

馆藏资源布局模式是近年来公共图书馆信息资源建设中发展变化较快的一个领域，目前馆藏资源布局模式主要包括建筑空间划分、功能划分、功能和服务划分、知识组织划分四种方式。公共图书馆选择馆藏资源布局模式时要充分考虑到本馆的建筑空间、资源数量和资源类型、工作人员数量和服务水平及服务对象的各种相关因素，做到馆藏布局能切合本馆的实际情况，切合本地的实际需要，切合用户的信息需求。

（1）基于建筑空间的布局理论：图书馆早期的布局模式很大程度上受到建筑空间的限制，根据图书馆的空间格局，形成了水平式展开布局、垂直布局、混合式布局（亦称为立体交叉式布局）三种模式。这些布局理论有着共同的特征，即均以图书馆自身的建筑结构的空间格局作为设计馆藏资源布局的出发点，以达到有效利用建筑空间的目标。水平式展开布局模式应用于 20 世纪 30 年代以前，当时世界各国的大多数图书馆藏书数量普遍不多，建筑规模也不大，图书馆建筑的三个主要部分即书库、阅览室、工作人员办公区共处于一个水平面上。20 世纪 30 年代以后，随着书库与借阅处垂直分布的垂直布局模式的产生，单平面的布局发展为多层布局，塔式书库作为图书馆的基本书库出现，它可以与图书馆的其他建筑分开，并以专门的通道和运输线路相联系。在这之后，混合式布局模式出现，该模式针对不同的藏书采用不同的布局形式，常用书尽可能放在与阅览室处于同一平面的书库，使其最接近于读者，而将罕用书放在不与阅览室相连的垂直位置上的书库中，形成立体的交叉布局。

（2）基于功能划分的布局理论：根据不同的需要，采用不同的标准，将图书馆馆藏资源布局设置为基本书库、辅助书库和专门书库的布局理论，曾在实践中得到广泛应用，是我国图书馆的传统布局模式。这种布局模式体现了以功能划分为主导的布局理念，以对各书库的功能设置为出发点进行馆藏资源布局，对各个书库的功能做出了明确的界定，各个书库“各司其职”，支撑着图书馆整个馆藏资源系统的运行。基本书库集中着全部馆藏的品种和足量的复本，由若干个不同功能的子书库组成，对馆藏资源起着总枢纽、总调度的作用；辅助书库是指直接为读者流通参考使用而组织的各种书库，用以方便读者借阅藏书，弥补基本书库在提供馆藏利用方面的不足；专门书库，是指为保管特殊和某些珍贵藏书建立的书库。

（3）基于功能与服务的布局理论：随着图书馆的建设和管理体制日臻完善，图书馆的馆藏资源布局理论也逐渐得以丰富和成熟，以三线典藏制和“藏、查、借、阅一体化”布局模式为代表的、基于功能与服务的布局理论得到广泛认可和应用。所谓三线典藏制，就是按照馆藏文献的利用率高低，结合服务方式，将馆藏文献依次划分为三个层次，组成一、二、三线书库的布局体制。一线书库提供利用率最高、针对性最强、最新出版的馆藏文献，供读者开架借阅；二线书库提供利用率较高、参考性较强、近期出版的馆藏文献，可根据情况供读者开架借阅或查目借阅；三线书库集中收藏利用率低的书刊、过期失效书刊、资料性书刊以及内部备查参考的馆藏文献。“藏、查、借、阅一体化”布局模式是一种全开架的馆藏布局模式，它充分利用现代信息技术，采用“统仓管理的方式”，即大开间、少间隔的建筑布局，整个图书馆只设一个进出口，除特藏文献和现刊外，其他文献不单独设立阅览室，文献资料尽量按学科、知识门类组织集中起来；在书库内设有足够多的检索终端和阅览桌椅，读者可以在图书馆内随意浏览、任意检索、自由取书、随时阅览；努力营造以阅为主、其他为辅，“人在书中，书在人中”的综合功能空间。

（4）基于知识组织的布局理论：尽管现代图书馆能够为读者提供充足的馆藏资源，尽管三线典藏制和“藏、查、借、阅一体化”的布局模式已足够开放，但是对于读者而言，在获取馆藏资源的准确度和便捷性方面仍有很大局限，所获得资源的知识深度仍显不足。因此笔者认为，图书馆应将对知识的系统化作为馆藏资源布局的首要因素，对图书馆的馆藏资源进行学科化组织，并为读者提供学科化服务。而信息共享空间（information commons，IC）正契合了这方面的要求，将逐渐成为馆藏布局理论中的一种重要布局模式①。

IC 的概念最早由美国学者唐纳德 · 比格在 20 世纪 90 年代后期正式提出，其对 IC 的描述为：“为整合数字环境而设计的专门组织空间与服务传递模式。”他认为，信息共享空间是以数字化信息资源为背景，通过对图书馆技术、资源和服务的有效整合，为信息供需双方设计的一个协同工作空间。IC 经过特别设计，使用方便的互联网络、功能完善的计算机软硬件设施以及内容丰富的知识库资源，在训练有素的图书馆咨询员、计算机专家、指导教师的共同支持下，满足用户的信息需求，提高用户的信息素质，促进用户学习、交流、协作和研究，为用户科

---

① 金胜勇，和婧. 论馆藏资源布局理论的发展[J]. 图书馆理论与实践，2013，（9）：1-4.

研和学习提供零距离的、一站式的信息服务。IC 的研究和发展很快就彰显出了显著优势：①IC能够提供一站式集成服务；②IC是一种多元化功能组织；③IC采用多元化空间布局，为用户提供多种学习空间；④IC 具有弹性的资源配置，其构建与用户的需求相匹配；⑤IC 采用协调合作化管理，其构建并不仅仅局限于图书馆内，它还可以与其他部门联合建设与服务。

然而迄今为止，对IC的研究主要集中于图书馆服务模式创新领域，尽管无论IC 的字面含义还是本质内涵都同空间布局有关，但将其作为一种布局模式的理论研究却少有发现。笔者认为有必要从馆藏资源布局的视角重新挖掘 IC 研究的价值，丰富馆藏资源布局理论，从以下两个方面实现馆藏资源布局的理论创新和实践进展：①将各种载体类型的馆藏资源按照学科进行统一的馆藏布局；②将图书馆咨询员、学科专家甚至读者的隐性知识以IC为纽带同馆藏资源聚合在一起，实现真正意义的知识组织。

基于以上分析，本书所拟定的《公共图书馆信息资源建设规范（草案）》中，对于公共图书馆的信息共享空间方面做了如下规定：

> 有条件的公共图书馆可根据服务水平和用户的信息需求，采用三线典藏制或藏、查、借、阅一体化的布局模式。鼓励有条件的公共图书馆采用信息共享空间（IC）的布局模式。

公共图书馆在确定馆藏资源布局时要平衡各个系统之间的关系，让图书馆的各种资源发挥最大效用；要做到馆藏资源与用户需求基本相符，能在最大限度上针对不同用户的信息需求提供最便利的服务。公共图书馆在进行馆藏资源布局时要充分考虑到工作人员服务用户以及用户获取信息时的连续性，各种书籍和其他信息资源应按照一定的分类原则和分类体系进行布局，如根据图书、期刊或者报纸等不同类型的信息资源进行划分，然后应用相应的分类法进行信息资源编目，最后针对不同的馆藏需求进行入库划分。公共图书馆应根据服务水平和用户的信息需求，有条件地采用藏、查、借、阅一体化的布局模式，以及三线典藏制以提高信息资源的利用率，鼓励公共图书馆采用信息共享空间的布局模式。笔者曾在《论馆藏资源布局理论的发展》一文中提出，IC 不但是一种服务理念，更是一种基于知识组织的布局模式，应该在图书馆馆藏布局模式中得到应用和推广[①]。在公共图书馆信息资源建设规范中可以制定几种馆藏资源布局模式，各公共图书馆根据自身的具体情况选择合适的布局模式。

---

① 金胜勇，和婧. 论馆藏资源布局理论的发展[J]. 图书馆理论与实践，2013，（9）：1-4.

2. 馆藏资源剔除

馆藏文献剔除是图书馆根据一定的原则标准，将长期滞留在书架上的，读者不用或少用的，陈旧过时或失去价值的文献进行筛选处理的过程。无论是传统的图书馆还是现代的图书馆，都不应忽视馆藏剔除工作。因为这项工作直接影响着馆藏信息资源的发展与完善。

1）资源剔除常用标准

（1）内容标准。即以文献内容为剔除标准。它包括三种情况：内容已经过时，已为新的出版物所取代；内容现在已不正确；内容重复，已有新的修订本或新的版本。

（2）外形标准。即以文献的外观为剔除标准。它包括四种情况：图书外观陈旧影响使用；文献纸张、印刷、装订质量很差；图书内容污损、残损影响阅读；图书多次修复无法再使用。此外还需注意，要避免剔除珍藏本；要考虑该文献是否需要替补。

（3）书龄标准。它是以文献从出版以来在读者使用中所经历的年限为标准。也有人认为，书龄是从进馆之日至剔除之日的年限。资源的使用价值随着时间的推移逐渐减少，出版年代越近利用率越高。

（4）使用标准。它是以文献过去的使用情况推测未来使用情况，可以通过检查文献滞架时限具体了解。如果一种文献过去若干年一直滞留书架未被利用，则可推断今后也不会被利用，则可以剔除。

2）资源剔除的一般范围

（1）复本过多长期压架的文献。复本过多有两种情况，一是由于政治业务等方面的需要，图书馆对某些文献品种配置过多复本，使用高峰一过，过多的复本便长期压架。二是由于分多次征订的多卷书、丛书时间跨度太长，价格、经费等原因引起征订数量变化，不配套的复本长期压架。这些压架复本长期占据书架空间，影响其使用价值的发挥。保留必要的复本数量，剔除多余复本是我国图书馆馆藏资源剔除的主要办法。

（2）内容陈旧过时的文献。随着科技发展和社会的不断变革，文献中的知识内容已完全或大部分失去时效和使用价值，都应在剔除之列。

（3）内容有错误，不宜公开流通的文献。从图书馆宣传与教育职能来讲，其具有区分馆藏、区分服务的职责。为此，对政治上违反原则或内容荒诞、离奇、迷信、色情、凶杀及有违我国民族政策的文献，应根据有关规定，从流通书库撤离，视其参考价值转入保存本书库或贮存图书馆。这种“调整”属于“剔除”概念的延伸。

（4）残缺破损、不堪使用的文献。资源的使用频率越高，就越容易破损。

虽然有些图书馆为延长流通时间、保证使用寿命，对流通文献采取了装订加固修补等保护措施，在一定程度上延长了文献使用寿命，然而文献的自然磨损仍无法抗拒，因此剔除是必然的。

（5）实用性差、流通率很低的文献。这主要指流通书库中由于采购失误、书商搭配及因图书馆任务、读者对象变化种种原因，造成的文献与需求的不相符，从而利用率很低乃至无人利用的资源。对于这部分馆藏，应及时剔除。

3）资源剔除的方法与程序

（1）常用的剔除方法。

主观剔除法。这是根据剔除人员主观判断进行馆藏剔除的一种方法。一般由剔除人员直接在书架上剔选文献，该法限于个人主观判断，随意性较大，但因其简便易行，在我国比较流行。在具体开展剔除工作时，应谨慎选用这种方法。

半衰测定法。剔除前计算出图书的书龄之后，根据文献半衰期规律确定馆藏的取舍。

滞架时限法。这是一种根据一种文献在两次流通之间滞留在书架上的时间长短，即滞架时限来确定文献去留的方法。它可以通过书卡法、书脊标记法、计算机登记法等来确定滞架时限。

目录比较法。即将馆藏目录与相应的书目资料，如推荐书目等进行比较的方法。这是当一种文献运用其他方法仍不能决定去留时，最后采用的一种方法。

社会性方法。即通过调查、访谈、问卷等方式了解读者需求，再结合读者借书记录，如读者索书单等，分析藏书质量以及与读者需求的适应程度，并做出决定的方法。

以上方法从不同角度为资源剔除提供了依据，且各有千秋，各馆在开展资源剔除工作时，可以根据本馆实际情况与剔除目标选取切合自己的最佳方法。

（2）资源剔除工作的程序。

组建藏书剔除的领导班子。组建一个专门负责资源剔除的小组或部门，该小组或部门由熟悉馆藏、了解本馆任务和读者需求、具有丰富实践经验的人员组成。一般由馆长或负责业务工作的副馆长任组长，由典藏人员、采访人员、流通阅览人员和读者代表共同参加，负责调查研究、组织整个的剔除工作。

调查研究，制订方案。从实际情况出发，调查图书馆任务、馆藏、读者的基本情况，在把握读者对各类资源的要求与利用情况，馆藏的流通情况，本馆的主要任务与读者需求趋势，我国科技发展水平与各学科各类型文献老化规律，等等情况的了解基础上，制订出剔除的实施方案，包括剔除的具体原则、标准、范围、方法、步骤等。

逐类逐种审查，提出剔除文献目录。根据既定方案，由剔除人员对馆藏逐类审查，逐种鉴别，初步拟定剔除文献清单，一并附上剔除原因，经广泛听取意见后，交剔除小组讨论，提出正式剔除文献的目录清单。

抽书、抽卡、出库和注销工作。依据剔除文献目录清单逐一把需要剔除的文献下架，按个别登录号排列依次注销或修改财产账，最后根据剔除清单办理出库手续，保存清单以便统计与参考①。

对剔除资源的合理处理。对剔除的文献不是简单的丢弃或报废，而应视其潜在价值和使用价值有区别地处理。具体来说，剔除资源有以下几种归宿。

（1）调拨：对于本馆不实用、流通率低的资源或多余复本，如果对其他馆来说仍有一定使用价值，可以调剂给其他公共图书馆继续利用。

（2）交换：对于不适合本馆性质任务、读者需求的剔除资源可编制成剔书目录或举办剔书书展与各馆进行交换。

（3）贮存：对于利用率低但仍有一定价值的剔除资源也可送交贮存图书馆贮存。

（4）削价处理：对于旧版的图书或旧工具书，考虑可能对读者有用，可以采取削价处理给读者的办法，使资源能发挥其余热。

（5）报废：对于内容完全不可取、外观又严重破损的无价值资源可送造纸厂进行化浆处理。

总的说来，我国公共图书馆资源剔除工作并不完善。首先，剔除理论研究较少，有关资源剔除的内容在公共图书馆评估工作中还没有涉及，也没有建立经常性、制度化、规范化的资源剔除制度。其次，由于大多数公共图书馆入藏文献数量有限，自然是惜书如金。当然，也有一些公共图书馆开展了一些资源剔除实践，可以视为对馆藏资源的重新布局与再次组织，这种重新布局可使资源处于一种不断调整的状态之中，便于找出馆藏与读者利用的最佳切合点，最大限度地发挥资源的作用。

然而，有些图书馆在资源剔除工作中存在着随意性，在大型清点工作或是在书库调整时，经常无计划地、无组织地随意地剔除馆藏资源，造成人为的混乱和浪费。这种无序状况，给科学的资源剔除工作带来很多麻烦。因此，资源剔除仍是公共图书馆信息资源建设中一个非常薄弱的环节，需要加强对资源剔除工作的研究，促进资源剔除的科学化、规范化、制度化，以便更好地做好馆藏资源的剔除工作。

基于以上分析，本书所拟定的《公共图书馆信息资源建设规范（草案）》中，对于公共图书馆的馆藏工作等方面做了如下规定：

① 孙丹. 图书馆藏书的剔除工作浅谈[J]. 黑龙江史志，2012，（6）：59-61.

公共图书馆应根据服务方式的变化，建立实用的排架系统，有利于读者便捷地选择使用藏书；有利于对藏书进行管理，便于馆员直接在书架上熟悉和研究馆藏资源，便于整理、清点、评估和剔除馆藏资源。

4.5 信息资源共建共享

现代信息技术的迅速发展，极大地改变了信息的生产、存贮、传递和利用的方式，形成了一个全新的信息环境。在这个新的信息环境中，文献信息数量激增与图书馆有限收藏能力的矛盾加剧，信息需求的广泛性与图书馆满足需求的能力形成强烈的反差，单个图书馆独立建设馆藏的模式已不再适用，文献信息资源共建共享成为新的信息环境下图书馆的必然选择。正如美国学者贝（S. K. Baker）在《资源共享的未来》一书中所指出："今天的图书馆正生存在一个相互依赖的年代，每一个图书馆都必须将自己视为世界图书馆的一部分，必须摆脱自给自足的状态，必须发现一种迅速而节约地从世界图书馆体系中获取资料并送到自己用户手中的方式，必须随时准备将自己所收藏的资料提供给世界各地的其他图书馆。"毫无疑问，公共图书馆必须顺应图书馆事业发展的时代潮流，并且应该在文献信息资源共建共享中发挥引领作用。

信息资源共建共享离不开技术的支持，但是它并不是一个单纯的技术问题，而是一项社会系统工程，它的发展必然受到社会经济、政治、文化等各种因素的影响，如经费投入、管理体制、运行机制、人员素质、标准规范等。这些都需要国家通过政策、法律加以调控和规范。从国外经验来看，相关法律制度的建立是促进信息资源共建共享的可靠保证。美国、英国、日本等经济发达国家都十分重视通过制定和颁布相关法律条例来促进和保障文献信息资源共建共享的顺利开展。目前，我国图书、情报、信息领域的法律法规还不完善。虽然 2017 年 11 月颁布了《中华人民共和国图书馆法》规定："国家支持公共图书馆开展联合采购、联合编目、联合服务，实现文献信息的共建共享，促进文献信息的有效利用。"但是对各系统、各地区和各文献信息机构的信息共建共享活动的导向、规范作用还未形成。指导和调控文献信息资源共建共享活动主要是依靠各系统和各地方政府制定的一些政策文件。但由于不是由国家立法机构制定的法律，缺乏必要的权威性和强制性，未能形成对文献信息资源共建共享强有力的调控和规范。

信息资源共建共享涉及诸多信息部门和信息工作的各个环节，因而不可能制定一部涵盖文献信息资源共建共享各个方面的法律，而是要在多部法律中包含有关文献信息资源共建共享的内容，从而形成资源共建共享的法律保障体系。毫无疑问，图书馆法是这个法律体系的重要组成部分。图书馆法要明确文献信息资源共建共享中的政府责任，确定国家文献信息资源整体布局的目标、总体要求、原则、组织方式及协调工作领导机构的性质、职能、经费渠道及经费等，规定图书馆之间开展文献采购分工协调、联合编目、联机检索、馆际互借等形式的合作，开展合作的原则、组织机构及方式、任务与措施，明确公共图书馆在文献信息资源共建共享中的核心地位和引领作用等①。因此在制定信息资源建设规范的过程中同时需要对信息资源共建共享进行规范指导。

4.5.1　构建公共图书馆共建共享体系的原则

1）统筹规划，合理布局

在我国，条块分割的管理体制是影响信息资源共建共享的最大障碍，为保证公共图书馆信息资源共享长期存在，必须坚持国家信息化指导方针，由国家政府统一领导、统一筹划，组建一个协调管理机构，发挥政府等有关部门的宏观调控与组织协调作用，解决信息资源建设“趋同”、数据库及操作平台种类繁多、标准千差万别等问题。

2）法制化、标准化建设

我国应尽快制定与信息资源共建共享网络相关的各种法律、法规和条例，加快图书馆法的制定步伐，为图书馆信息资源共建共享创造良好的法制环境，解决各馆异构型分布式处理环境带来的问题。

3）以利益调节共建共享

要实现公共图书馆信息资源的高度共享，不可能依靠个别公共图书馆的行为，一定要联合起来共同建设。共享体系中各成员馆经费来源、馆藏基础、设备条件等方面各有差异，因此必须解决成员馆之间相对平衡的利益分配，以利益调节、调动各方面的积极性，促进公共图书馆信息资源共享体系的共建②。

基于以上分析，本书所拟定的《公共图书馆信息资源建设规范（草案）》中，对于公共图书馆的信息资源共建共享原则方面做了如下规定：

> 公共图书馆在信息资源共建共享中既要注重结果也要注重过程，必须坚持完整性原则、系统性原则、标准化原则以及共建与共享相统一原则、权利与义务相统一原则、宏观调控与市场调节相统一原则；以自愿参与为主导，以政府支持为辅助，积极开展信息资源共建共享。此外，参与信息资源共建共享的各图书馆享有平等的责任、权利和义务。

---

① 肖希明，张勇，等. 公共图书馆文献资源建设法律保障研究[M]. 北京：国家图书馆出版社，2011.

② 项雷. 公共图书馆信息资源共建共享体制[J]. 民营科技，2010，（8）：118.

4.5.2 公共图书馆信息资源共建共享建设模式

公共图书馆信息资源共建共享体系的总体结构是一种基于三级组织协调结构的框架。它采用一种根据实际需要自上而下的分布式网络建设模式，以地域协作式为主，使同一地域内的不同规模的参建馆因自身的需要而联合起来形成信息资源共享体系，根据需要分工合作，以集中投资建设/自行开发投资建设—分散存储方式，实现信息资源共建共享，避免重复劳动。即建设一个“全国管理中心——地区/省中心——公共图书馆”三级保障网络环境，形成一个三级组织协调网络结构，建设一组信息资源共享建设的全国管理中心、若干个地区信息资源保障中心及一批现代化程度较高的公共图书馆，如图 4.4 所示。

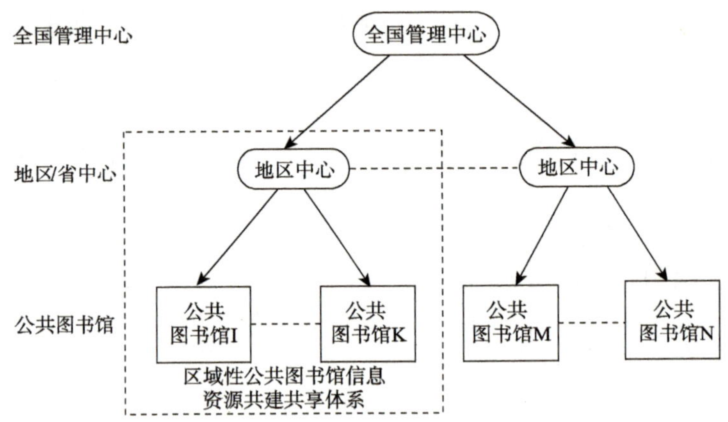

图 4.4　公共图书馆信息资源共建共享体系三级组织协调结构图

1）全国管理中心的建设

由政府投资，由几个较大的公共图书馆合作成立中国公共图书馆信息资源共建共享体系管理中心，简称“全国管理中心”。全国管理中心是一个虚拟的机构，不设信息资源收藏与服务部门，其所需的设备和经费由国家资金解决，场地、人员和办公设备等则由各个公共图书馆解决。全国管理中心承担着双重的任务，首先是管理职能，如制定统一的技术规范，制定与项目相关的规章制度，制定项目开展管理办法，除了构建系统的宏观框架之外，还要开展一些具体的实际工作，如国家重点学科信息资源的汇总和发布，国外相关领域最新信息的获取，系统资源的分配与管理，具体信息资源的网络分布，等等。

2）地区/省中心的建设

建立若干个地区/省中心，构成系统的第二层。在与国家政策一致的基础上，依据本地区/省的特点，按照规定的义务与权利，制定区域发展政策，为本地区/省的信息资源共建共享提供依据、培训、咨询与指导。地区/省中心接受国家中心的领导，协调国家与地方的信息供需，同时参与地区/省内的信息资源规划、建设和实施。主要任务是：协调信息资源工作，资源数据库建设工作，对专业人员进行培训，文献保障服务工作，数据汇总服务工作，系统外的协调工作等。

3）各个公共图书馆的建设

参建馆均遵循共建共享自愿的原则，在地区/省中心的指导和协调下开展工作。在共建共享的活动中，各公共图书馆既是建设者和参与者，又是终端用户。经地区中心协调，各馆应对所承担的信息资源建设任务认真负责地组织开发与提供服务，共同构建图书馆信息资源共建共享体系三级组织协调结构①。

基于以上分析，本书所拟定的《公共图书馆信息资源建设规范（草案）》中，对于公共图书馆的信息资源共建共享模式方面做了如下规定：

> 公共图书馆应积极参与国家的各项信息资源共建共享工程，推动地区文化事业建设，促进图书馆自动化、网络化和数字化发展与信息化建设，确保信息资源城乡基层全覆盖，实现信息资源的共知、共建、共享。

4.5.3　信息资源共建共享具体实施

1）构建全国信息资源保障体系

信息资源保障体系是指一个国家或一个地区范围内，各类型的信息机构协调合作，根据统一的规范，建立一个集信息资源的收集、组织、存储、传递、开发和利用于一体的信息资源保障体系。其主体包括各种类型的图书馆、信息中心、网络中心、资料室、档案馆、咨询公司等社会机构。我国信息资源保障体系的总目标是，无论何时何地都能最大限度地满足读者或用户对信息最广泛的需求。具体来说，将通过信息的收集与积累、完善的书目控制、快捷的馆际互借网络和方便的信息检索系统建设等子目标的实现来保证系统总目标的实现，最终达到缩小数字鸿沟、保障信息公平的目的。

2）规范引导数字化资源的开发利用

规范引导包括：数字资源的生产、发布，推动中文资源上网，推进数字资源长期保存，加快人口、法人单位、地理空间等国家基础信息库的建设，引导和规范政务信息资源的社会化增值开发利用，鼓励企业、个人和社会组织参与信息资源的公益性开发利用等。我国数字信息资源的生产在数量和质量上尚不能满足国家的需要，信息资源建设政策应对数据库、网络信息资源等数字资源的生产、发布进行宏观调控。因此，我国应当加快推进民族优秀文化作品的数

---

① 袁淑艳. 网络环境下公共图书馆信息资源共建共享体系的构建[J]. 大庆师范学院学报，2011，（3）：24-27.

字化、网络化，使科学的理论、正确的舆论、高尚的精神、优秀的作品成为网上文化传播的主流。同时，由于数字资源本身的不稳定性及黑客攻击、病毒等因素的存在，我们必须通过信息政策大力推进数字资源长期保存，使数字资源建设在更为安全、稳定的环境中进行。

3）协调信息资源共建共享中的各种利益关系

在共建共享实践中，存在众多利益关系，这包括信息机构与知识产权拥有者之间的利益关系，参与资源共建共享各成员单位之间的利益关系。缺乏利益平衡机制是信息共享的严重障碍，信息资源建设政策应寻求协调各种利益关系。我国应当根据信息资源的发展及社会、经济发展的具体现状不断完善知识产权制度，在保障创作者权益的同时促进知识资源的传播、利用。另外，必须制定正确的政策，使参与信息资源共建共享的各成员之间，如国家与图书情报系统之间、图书情报系统内部各部分之间、图书情报机构与其人员之间、图书情报机构与用户之间，能够依据它们在信息资源共建共享中的投入和贡献，获得相应的利益，以此保证信息资源共建共享活动的可持续发展。

4）推动信息技术在信息资源建设中的应用

提高信息资源建设的标准化程度，实现信息技术自主创新是我国信息化发展战略的重要目标。有效利用国际国内两个市场，两种资源，增强对引进技术的消化吸收，突破一批关键技术，掌握一批核心技术，实现信息技术从跟踪、引进到自主创新的跨越。RSS（really simple syndication，即简易信息聚合）、WIKI（wikipedia，即维基百科）、标签、数据挖掘等技术在信息资源建设方面应用，拓宽了信息资源建设的广度和深度，我国应通过信息政策推动更多信息技术在信息资源建设中的创新性应用。此外，在标准化方面，应加强政府引导，依托重大信息化应用工程，以企业和行业协会为主体，加快产业技术标准化体系建设；完善信息技术应用的技术体制和产业、产品等技术规范和标准，促进网络互联互通、系统互为操作和信息共享；加快制定人口、法人单位、地理空间、物品编码等基础信息的标准；加强国际合作，积极参与国际标准制定。标准化是实现信息资源共建共享的先决条件，我国信息资源建设政策应全面推行信息技术的标准化及信息资源建设各项活动的标准化。

“文献资源共建共享协作网”“图书馆联盟”都是跨系统文献信息资源共建共享保障体系建设的有效模式，对省图书馆的文献信息资源共建共享保障体系构建具有很好的借鉴意义。信息资源共建共享是信息资源建设的重要组成部分，公共图书馆在制定信息资源建设规范过程中对信息资源共建共享要求可参考以下内容。

（1）建立具有特色的馆藏体系，加强地方文献信息资源的共建、共知、共享。

（2）协调书刊文献的订购，在传统印刷型文献资源的共享方面，要加强以省馆为中心的书刊采购协调工作与馆际互借工作。在电子文献的共建共享方面，一是分工协调或合资采购所需的数据库产品，避免不必要的重复及资金浪费；二是自建数据库须统一标准，以便联网共享；三是分工协调全省特色数据库和联合组织有价值的网上信息下载，必要时可创建全省网上信息资源库。

（3）文献信息资源共建共享的网络形式是多种多样的，既可建立本市场的网络、本省的网络，也可与国家的网络以及国际网络联网，也可建立围绕区域经济、城市建设发展服务的协作网络形式。图书馆管理系统软件应该建立在图书馆业务流程重组、网络思维和共享模式的基础之上，软件和标准要侧重兼容和规范化，确保国际、国内标准及各行业系统和细则的兼容，确保用户界面、数据格式、数据库建设规则、信息交换协议等的统一。

（4）合作编目与编制联合目录。

（5）严格推行标准化原则。

（6）充分利用网络开展服务，在网络上及时发布资源信息，相互提供网上预约外借、传送全文和参考咨询等服务，协作馆之间使用网上资源相互优惠。

（7）合作开发数字化资源。

（8）与各县市公共图书馆展开区域内充分的信息资源共建共享、交流和培训。

（9）省级图书馆要承担本地区各类型图书馆文献信息资源共建共享组织协调任务。

（10）完善馆际互借。

4.6　规范中的特别规定

在公共图书馆的信息资源建设规范中，除了对信息资源建设经费保障和配套设施、信息资源发展政策制定、传统文献信息资源采访（补充）、数字资源建设、信息资源组织管理、信息资源共建共享、信息资源布局、信息资源工作管理等一般性的内容做出规定外，还应针对一些特殊的用户群体或特色信息资源制定相应的标准。

4.6.1　面向少年儿童的信息资源建设

少年儿童图书馆又称儿童图书馆，是为少年儿童提供服务的公共图书馆，一般分为国家级、省市级和区县级及隶属于一般公共图书馆的少年儿童阅览服务专区，其中少年儿童阅览服务专区应与成人阅览区分开，宜设置单独出入口，或设立室外少年儿童活动场地。

少年儿童图书馆信息资源建设规范应与一般的公共图书馆信息资源建设规范有所区别。少年儿童图书馆应当将少年儿童作为图书馆的重要读者对象进行信息资源建设，而且信息资源建设应在公共图书馆服务体系中占有突出地位。在信息资源采集方面，尤其是公共图书馆的少年儿童专区应充分了解本馆少年儿童用户的阅读需求与习惯，重点建设；在信息资源布局方面，公共图书馆与少年儿童图书馆的少年儿童服务要根据少年儿童年龄的差异和功能的不同，设置不同的分区，便于有效地开展服务，其设计原则是年龄适用性和灵活多样性。例如，伊利诺伊州 Urbana 市的公共图书馆少儿部里设有阅读区、电脑（上网）区、棋牌游戏区、活动区、玩具区和亲子区（大人可以抱着孩子坐在摇椅上，朗读图画书）[①]。洛杉矶公共图书馆（Los Angeles Public Library）是美国最大的公共图书馆系统，由中央馆和 72 个分馆构成，服务人口 400 万，服务地域 470 平方千米。洛杉矶公共图书馆中央馆的服务非常重视两个方面：儿童服务和青少年服务。儿童文学部和青少年园地成为 11 岁以前儿童、11~18 岁少年接受知识和服务的启蒙学校。儿童文学部布置精美，内容丰富，图书、杂志和电脑提供启蒙知识，开发儿童智力，是儿童们阅读学习的迷人天地。还有一个可容 63 人的小剧院—— KLOS 故事剧院，每逢星期六下午提供免费节目，有孩子们喜爱的木偶剧表演活动和阅读俱乐部。

美国纽约皇后区公共图书馆最大的儿童阅览室在法拉盛图书馆。除了儿童图书馆资料和项目的高层次藏书外，阅览室营造了易于探索的氛围。“电车”提供座位和想象的游戏空间。儿童室藏有杨松明的玻璃壁画《花的世界》。单间提供儿童计划项目，这里的兴奋和嘈杂不会影响年轻的学者们工作。Latchkey 计划为放学后的儿童提供安全而促学的避风港。此外，在儿童室的计算机上还可进入皇后区图书馆自己的 KidsLinQ，它有一个进入皇后图书馆电子目录的友好界面，提供最佳的互联网导引，由儿童图书馆员评价和更新，通过它可提高计算机和研究技能并在电子写作方面奠定良好基础[②]。

我国香港图书馆二层是儿童图书馆，服务 12 岁以下的儿童，设有借阅部、参考部、画书角、玩具图书馆、儿童多媒体资料室、儿童活动室、咨询服务。而青少年图书馆在六层，服务 12~17 岁的青少年[③]。

基于以上分析，本书所拟定的《公共图书馆信息资源建设规范（草案）》对儿童信息资源建设规定如下：

---

① 陈敏捷，方瑛. 美国公共图书馆少年儿童服务现状概述[J]. 图书馆研究与工作，2007，（1）：63-69.

② 柯平. 美国图书馆访问记[J]. 图书情报工作，2000，（10）：67-70.

③ 汪东波. 公共图书馆概论[M]. 北京：国家图书馆出版社，2012.

公共图书馆应根据不同读者群体的特点提供相应的阅览环境，应充分考虑特殊读者群体的需要设置相应的阅览环境并提供相应的阅览设施。应将少年儿童阅览区与成人阅览区分开，并设置单独的出入口，有条件的可设室外少年儿童活动场地。

4.6.2　面向残障群体的信息资源建设

为了更好地体现图书馆对残障群体的人文关怀，公共图书馆在信息资源建设时，应根据不同残疾群体的需求构建特色资源。

1）文献资源建设

公共图书馆文献资源建设必须满足残疾人的特殊需求。一般而言，肢残读者与普通读者在信息需求方面没有较大差别，然而视力障碍、智力障碍、精神障碍等不同读者则对文献资源有着不同的要求。对于视力障碍人士而言，公共图书馆首先应将大字书、盲文书的订购与收藏作为图书馆为视力障碍人士服务的首要工作，也可将利用率较高的书刊转换成有声读物。如果有条件，公共图书馆还可适当购买具有读屏功能的设备，以更好满足视力障碍人士的信息需求。对听力障碍人士而言，公共图书馆应购置图文并茂的读物和聋哑人的手语辞书；而多媒体读物应以音频文件配文本、视频文件加字幕。对于智力障碍人士而言，图书馆可以选购高趣味、低难度书刊，图文并茂，降低阅读的难度。而对于精神障碍人士，图书馆在文献建设方面可以适当选择一些休闲读物、小说、圣经、佛经等，也可在阅览室里播放比较舒缓的音乐，进行音乐治疗。

公共图书馆还应根据残障群体的不同知识需求进行文献资源建设，应重点收集关于残疾人康复、技能学习、就业等方面有关的文献资料，如关于康复医学、特殊教育、职业培训、就业指南及计算机、服装、按摩、音乐、工艺美术等学习资料，以及国家颁布的有关残疾人事业的政策法令。除此之外，图书馆还要更多地考虑到有关社会福利待遇、教育机会等方面的文献资源，供残疾人使用①。

2）数字资源建设

我国还没有专门建立针对残障群体使用的数字资源系统，现有的数字资源系统也没有考虑到残障群体的需要，因此面向残障群体的数字资源建设已成为亟待解决的一个问题。根据残障群体的生理和信息需求特点，公共图书馆数字资源的建设大体可以分为两类：盲人数字资源建设和其他类型残疾人数字资源建设。

（1）盲人数字资源建设。由于视力障碍人士在听觉和触觉方面比较敏感，在建设数字资源时可将多媒体视觉信息转换成听觉或触觉信息。由于语音是盲人与计算机沟通的重要方式，盲人数字资源系统要具备点字触摸显示器、语音合成

---

① 王子舟，夏凡. 图书馆如何对残疾人实施知识援助[J]. 图书情报知识，2007，（2）：5-18.

器，还要提供语音输入指令方式，方便盲人指挥计算机操作。另外，视力障碍人士可利用读屏软件进行信息检索、网页浏览等，甚至可以在网络上实现与普通人的无障碍接触与交流。在此基础上，盲人数字资源系统还应保障残疾人可以在线阅读文本，或者下载后离线阅读，并且提供图书的网络在线查询及聆听。

（2）其他类型残疾人数字资源建设。随着移动通信技术的不断进步与广泛普及，手机作为传播信息技术的移动设备，为图书馆提供了创新服务的现代化技术平台。手机图书馆作为一种新兴的信息传播途径，彻底改变了以往信息服务受到时间和空间限制的局面，真正实现了“anyone、anytime、anywhere、anystyle”下自由学习。只要拥有一部手机就可以突破围墙的限制，随时随地访问图书馆的电子资源，实现与图书馆自助化和数字化系统的交互操作。

基于以上分析，本书所拟定的《公共图书馆信息资源建设规范（草案）》对残障人士的信息资源建设规定如下：

> 公共图书馆应充分考虑残障人士的信息需求，重点收集有关残疾人康复、技能学习、就业等方面有关的信息资料，同时专门建立针对残障群体使用的数字资源系统，主要包括盲人数字资源和其他残疾人数字资源。

4.6.3 特色信息资源建设

所谓特色信息资源一般是指图书馆在经过较长时间的信息积累后，在某一方面、某一学科或某一领域形成的结构较为完整、内容较为丰富、有别于其他图书馆的信息资源。它具有如下特点：第一，特色信息资源是根据社会或个人的某些特定需要而科学地组织、有序地展示，并提供给用户直接利用的信息资源。第二，特色信息资源具有“人无我有、人有我优，人优我精”的特点，是每个图书馆最鲜明的信息资源特色[①]。公共图书馆应根据本馆的实际情况，竭力建设具有本馆特色的信息资源。

我国各级公共图书馆都十分重视建设特色资源，并且很多图书馆的特色资源已初具规模。经网络调查，我国省级公共图书馆的特色资源建设以古籍特色资源、地方特色资源和专题特色资源为主[②]。从国内外公共图书馆馆藏资源建设的实践来看，特色资源的主要类型大致有：①古籍特色资源；②地方特色资源；③专题特色资源；④面向特定读者的特色资源；⑤非书资料特色资源[②]。各级公共图书馆进行上述特色信息资源的建设中，应当着重注意以下各个步骤的实施。

---

① 陈金萍. 图书馆特色信息资源数字化的探讨[J]. 图书馆学刊，2007，（2）：107-108.

② 汪东波. 公共图书馆概论[M]. 北京：国家图书馆出版社，2012.

1）特色资源选题

以何种资源作为特色资源馆藏是公共图书馆在特色资源建设中首先面临的问题，也是最重要的问题。是否要建设或增加一种特色资源馆藏的决策必须在充分评估图书馆整体组织的各种必要因素之后做出。一般而言，首先，要对本地读者的信息需求以及其他图书馆的特色馆藏进行调查，确定特色资源建设的必要性，避免重复建设；其次，要对本馆馆藏资源基础与经费状况进行全面考察和权衡，确定特色资源建设的可行性；再次，在我国现行管理体制下，还应该征得图书馆主管部门的同意和经费支持；最后，特色资源建设还有赖于全体员工的支持和配合，所以还需要听取图书馆内部人员的意见和建议①。

特色资源的选题还要根据社会信息环境的变化发展与时俱进，要以满足读者信息需求为出发点和归宿。例如，随着信息公开制度的逐步推进和人们信息意识的不断加强，人们希望能够通过图书馆获取各种医疗信息的愿望日益迫切，而“以患者为中心的治疗”和“知情许可”理念的发展，则为医学图书馆和公共图书馆提供医疗信息服务减少了阻力。在这样的背景下，日本东京中心图书馆不仅开始提供医疗信息服务，而且建立了患者病历特色馆藏为读者提供专业化的医疗信息服务②。

2）特色资源搜集

与公共图书馆的其他文献资源相比，特色资源的来源渠道通常较为狭窄，增加了搜集的难度。图书馆除了通过现场采购、订单采购、招标采购等常规方式搜集特色资源之外，还可以通过以下方式：①征集；②交换；③捐赠；④访书；⑤人际网络。在现实的特色资源建设过程中公共图书馆需要采用多种资源搜集方法，以保证特色资源的覆盖率和资源的质量。例如，加拿大多伦多公共图书馆于 1971 年建立了福尔摩斯的塑造者柯南 · 道尔特色馆藏。在特藏建设的初始阶段，多伦多公共图书馆购买了大量重要的资源，为特藏打下了坚实的基础，使其后在预算缩减的情况下也能够持续开展特藏建设。多伦多公共图书馆还与众多的侦探小说爱好者建立了紧密的联系，并从他们那里获得了重要的捐赠和相关信息。最近成立的“聚友集团”（friends group）则在柯南 · 道尔特色馆藏的筹款、援助和引起公众对特藏的关注方面均发挥了非常显著的作用③。

3）特色资源管理

特色资源管理包括对特色资源的分类、编目、加工等环节，规范化的特色资

---

① Oder N. Kids'books in ok. city restricted[J]. Library Journal，2005，（9）：19.

② Ishii Y. Development of medical information services in libraries[J]. Toshokan Zasshi，2005，（12）：844-846.

③ Gill V. The arthur conan doyle collection at the Toronto public library[J]. Collection Management，2004，29（3~4）：107-119.

源管理是有效保存资源和提高资源利用率的保证。在特色馆藏图书馆员人数较少的情况下，为了提高工作效率，公共图书馆可以通过部门重组、雇佣内部专业技术人员、部门协作等方式进行特色资源管理工作①。

基于以上分析，本书所拟定的《公共图书馆信息资源建设规范（草案）》对特色信息资源建设规定如下：

> 省级公共图书馆应重点收藏珍贵文献、专利文献、标准文献，本省的地方文献、特色文献和国内出版社、报社、杂志社等出版单位出版的主要报刊、丛书、多卷书及国外主要出版物。
>
> 公共图书馆可建立适用的书目查询系统，设立专门的读者查阅场所，配备基本服务设施，通过网站、宣传资料、专题展览等形式，向公众推荐特色馆藏资源。

4.6.4 政府信息公开

关于政府信息，2007 年 4 月 5 日由国务院公布的《中华人民共和国政府信息公开条例》中对其做了明确的概念界定，即“是指行政机关在履行职责过程中制作或者获取的，以一定形式记录、保存的信息”②。政府信息公开关系到社会各阶层和利益群体，其中政府部门、非政府组织、公共信息服务机构及全体公民所承担的责任义务不尽相同，随着信息公开的进程，所具备的功能各有侧重。该条例第十六条规定，各级人民政府应当在国家档案馆、公共图书馆设置政府信息查阅场所，并配备相应的设施、设备，为公民、法人或者其他组织获取政府信息提供便利。行政机关可以根据需要设立公共查阅室、资料索取点、信息公告栏、电子信息屏等场所、设施，公开政府信息。行政机关应当及时向国家档案馆、公共图书馆提供主动公开的政府信息③。公共图书馆是政府的文化服务设施及服务机构，毋庸置疑地要在政府信息公开中发挥重要作用并有所作为，应做到：以政府信息的可公开性为主导方向，与政府有关部门和领导密切协作，全面搜集可供公开的政府信息，满足所有公民对政府信息的需求，充分开发和合理利用政府信息资源④。

基于以上分析，本书所拟定的《公共图书馆信息资源建设规范（草案）》对

---

① Lundy M W，Hollis D R. Creating access to invisible special collections：using participatory management to reduce a backlog [J]. Journal of Academic Librarianship，2004，（6）：466-475.

② 国务院法制办公室. 中华人民共和国政府信息公开条例注释与配套[M]. 北京：中国法制出版社，2008.

③ 国务院. 中华人民共和国政府信息公开条例[EB/OL]. http://www.gov.cn/zwgk/2007-04/24/content_592937.htm，2007-04-24.

④ 汪东波. 公共图书馆概论[M]. 北京：国家图书馆出版社，2012.

政府信息资源建设的规定如下:

公共图书馆应与政府有关部门和领导协作，提供可公开的政府信息资源，以满足公民对政府信息的需求，进一步完善馆藏结构。

各级公共图书馆应当设置政府信息查阅场所，并配备相应的设施、设备，为公民、法人或者其他组织获取政府信息提供便利，满足所有公民对政府信息的需求，科学组织和合理利用政府信息资源。

第5章　研究结论及建设展望

本书在对公共图书馆信息资源建设现状研究、相关理论研究和规范内容研究的基础上，拟定了《公共图书馆信息资源建设规范》的文本（草案），在公共图书馆信息资源建设理论的系统研究、衡量公共图书馆经费投入的依据等方面取得了一定的研究创新，为《公共图书馆信息资源建设规范》的正式制定奠定了基础。

5.1　研究结论

我国公共图书馆方面的标准和规范并不完善，当前实施或实际起到标准规范作用的文件有历次“全国县级以上公共图书馆评估定级标准”《公共图书馆建设标准》《公共图书馆建设用地指标》《图书馆文献采访工作规范》《公共图书馆服务规范》，各种信息组织或数字资源建设的技术标准，以及一些地方图书馆的工作标准和规范。例如，《河南省公共图书馆工作规范（试行）》，它类似于国外的公共图书馆标准，比较全面、明确、量化地规范了图书馆的各项工作，但缺点是没有指出规范中数量的依据，直接给出了要达到的量化目标。其他标准和规范都是图书馆某一方面的规范，具体、详细地规范了图书馆某一方面的业务工作。在单纯的学术研究方面，有些学者尝试对信息资源建设的某一方面进行规范研究。例如，对数字信息资源建设规范的研究，以及对自动化采访规范的研究，等等。国内外围绕本主题所开展的研究已经颇具成效，形成了一些有价值的学术领域的研究成果和实践领域的具体规范（或标准），但同本书的研究目标相比，已往的研究尚存在一些不足和局限。

首先，目前还没有既完整又独立的信息资源建设规范文本。目前国内外的图书馆标准或规范文件，要么是关于图书馆全面工作的（如《公共图书馆建设规范》），要么是关于信息资源建设的某一具体领域的（如关于采访的规范）。肖希明和张勇所开展的“我国公共图书馆文献资源建设法律保障研究”，是从法律法规的角度而非标准规范的角度研究图书馆信息资源建设的保障问题。

其次，现有的规范（或标准）重标准轻规范。现有的规范更多地表现为标准的形式，即多数是规定信息资源建设应该达到怎样状态以及具体的标准，而缺乏对信息资源建设过程、步骤和方法的把握、控制和要求。

最后，现有的规范（或标准）的内容缺乏系统性。目前公共图书馆信息资源建设规范的相关内容多是散见于各种图书馆标准文件中，所规范的范畴往往是关于信息资源补充（采访）或有关信息资源硬件建设的，对于信息资源组织特别是传统文献信息资源的布局、典藏等环节缺乏指导。同时，这些有关资源建设的相关内容之间也缺乏系统联系，不能全面系统地揭示科学管理对信息资源建设工作的要求。

针对上述不足，公共图书馆信息资源建设规范的研究首先要解决信息资源建设的相关理论问题。本书从传统文献资源建设和数字资源建设两个方面，分析了公共图书馆信息资源建设中面临的新问题、新要求；对信息资源建设工作各环节之间的系统性进行研究，主要涉及各业务环节之间的系统性，建设工作同人员、经费、设施、技术应用等各方面的系统性，资源建设与用户服务的系统性，建设规范同公共图书馆其他标准规范的系统性，等等；同时对信息资源建设的相关理论体系进行了研究，构建出以“信息资源价值理论”为逻辑起点，以“系统论”为理论背景，包括“时间”“空间”“过程”三个维度的信息资源建设三维理论体系模型。

对信息资源建设规范具体内容的研究，无疑是本书的核心内容。本书重点研究了公共图书馆的信息资源建设数量与公共投入标准，信息资源建设政策制定，信息资源采集、组织与管理，以及信息资源共建共享。研究不仅仅涉及结果层面，更深入过程层面，力图通过对信息资源建设各工作环节的研究，真正起到指导、要求和规范公共图书馆信息资源的作用。

本书以附录形式拟定了《公共图书馆信息资源建设规范（草案）》，该规范由八章六十五条和附录构成，内容涉及公共图书馆信息资源建设的指导思想和原则、经费投入与资源结构、建设政策制定、信息资源采集和组织、资源布局和典藏工作、资源共建共享、资源建设工作管理，以及对规范中所涉及的主要专业术语的说明和解释，作为本书的最终成果之一。

5.2　建设和研究展望

由于笔者研究能力的有限，加之本书所涉研究内容的深度和广度都非常大，本书虽然取得了一定的成果和创新，但在以下三个方面仍存在巨大的研究空间。

第一，本书认为，信息资源数量作为传统的评价图书馆信息资源建设的一个结果性指标，受到资源价格、资源类型等因素的影响，具有很大的不确定性，因此主张将经费投入作为评价资源建设数量的唯一的客观依据。但是，由于各地经济发展不均衡，如果以经费投入的绝对值作为标准，则显失公平，甚至会对经济落后地区的公共图书馆事业发展带来负面的导向作用。因此，本书主张以财政收入的一个占比指标作为建设规范标准，以鼓励各地区对公共图书馆事业的投入。然而，关于这个占比指标的具体数值，需要进行更为长期的、深入的考察、调研和论证，以期使该指标的设立既有前瞻性，同时又不缺乏实践基础。

第二，本书拟定了《公共图书馆信息资源建设规范（草案）》，文本（草案）的逻辑结构全面、清晰、合理，是本书成果中的亮点。但由于笔者研究精力的制约，该文本（草案）未能得到实证检验（试行）；文中的语言特别是关于规范约束力的表达，大多采用推荐、适宜的允许型模态判断，必须型模态判断不足；另外规范的一些具体内容特别是关于信息描述方面的规定，受制于笔者知识结构的制约，会存在需要进一步明确、进一步深化乃至需要与时俱进不断完善的方面。

第三，如第 1 章所述，同科研系统图书馆和高校系统图书馆的信息资源建设相比，公共图书馆信息资源建设具有更大的复杂性，涉及的面也更宽。本书虽然尽量对公共图书馆信息资源建设工作的各个方面、各种因素都有所论及，而且在拟定的草案中也尽量做到面面俱到，但关于数字资源建设、特色资源建设、面向少年儿童的信息资源建设方面的内容仅是简略提及，并未展开深入的研究。这也是本书今后需要大力深化的一个重要方面。

对这些不足的改进，将会在笔者今后的研究工作中持续很长一段时期。本书希望抛砖引玉，引发学界和实践界对《公共图书馆信息资源建设规范》研究和制定的热情，争取早日出台规范，使之同《公共图书馆服务规范》一起，成为保障和促进我国公共图书馆事业发展的重要驱动力。

附　　录

公共图书馆信息资源建设规范（草案）

第一章　总　　则

第一条　为促进公共图书馆事业的发展，加强和规范公共图书馆信息资源建设，提高信息资源建设质量，促进公共图书馆信息资源建设的标准化、规范化和现代化进程，提高公共图书馆信息资源保障率和信息资源利用率，以实现和保障广大用户对信息、知识和文化的需求，依据法律、法规及国家现行政策，制定本规范。

第二条　本规范规定公共图书馆信息资源建设经费投入与资源结构、信息资源建设政策、信息资源采集、信息资源组织、馆藏资源布局和典藏工作、信息资源共建共享、信息资源建设工作管理等方面的内容。

第三条　本规范是公共图书馆信息资源建设的全国性统一标准，是约束公共图书馆信息资源建设相关工作人员工作的依据，是评估公共图书馆信息资源建设水平的标尺。

第四条　本规范适用于县级或县级以上的公共图书馆。县级以下的公共图书馆和社会力量开办的公共图书馆参照执行。

第五条　公共图书馆应按照自建与共建结合，安全性与开放性兼顾，效益与价值并重的原则，开展信息资源建设活动。

第六条　公共图书馆开展信息资源建设除了应该遵守本规范，还应严格遵守国家相关的法律法规和行业标准。

第二章　经费保障与资源结构

第七条　公共图书馆信息资源建设经费应由各级政府专项拨款。各级地方政府应确保公共图书馆的信息资源建设经费投入在当地地方财政收入中的合理、稳定的占比，并保证公共图书馆信息资源建设经费的增长幅度不低于当地财政收入的增幅。政府应建立信息资源建设经费保障机制，明确政府对公共图书馆的拨款责任、拨款具体数量，资金的管理、分配和监督机构，获得拨款的条件、资金的分配方式与资金的使用方式。各级政府应要求公共图书馆的信息资源建设经费专款专用。

第八条　公共图书馆建设的信息资源应当兼顾纸质资源、数字资源和其他载体资源，各级公共图书馆还需根据本地区经济发展状况，结合自身发展水平、经费预算以及本地用户实际使用需求，合理配置图书馆信息资源结构。

第九条　公共图书馆应在确保传统印刷型文献建设的基础上，保证电子文献的数量和数据库的种类，要不断加强馆藏文献信息资源的数字化建设和虚拟馆藏资源的建设，逐步形成具有本地特色的馆藏文献信息资源体系。并根据需求积极配置外文信息资源。

第十条　公共图书馆资源建设要兼顾资源载体和使用权的购买，要保证基本馆藏信息资源的完整性和连续性，特别是要保证重要文献、特色文献和地方文献的完整性和连续性。

第十一条　公共图书馆应当设置少年儿童信息资源专藏，可以单独设立，也可以附设在公共图书馆或者其他少年儿童活动场所。儿童信息资源专藏既要包括印刷本资源，也要包括各类数字资源。

第十二条　公共图书馆应充分考虑残障人士的信息需求，重点收集有关残疾人康复、技能学习、就业等方面有关的信息资料，同时专门建立针对残障群体使用的数字资源系统，主要包括盲人数字资源和其他残疾人数字资源。

第十三条　省级公共图书馆应重点收藏珍贵文献、专利文献、标准文献，本省的地方文献、特色文献和国内出版社、报社、杂志社等出版单位出版的主要报刊、丛书、多卷书及国外主要出版物。

第十四条　市、县级公共图书馆重点收藏本市、县的地方文献、特色文献和本省出版社、报社、杂志社等出版单位的主要出版物。

第十五条　公共图书馆应与政府有关部门和领导合作，提供可公开的政府信息资源，以满足公民对政府信息的需求，进一步完善馆藏结构。

第三章　公共图书馆信息资源建设政策制定

第十六条　公共图书馆信息资源建设政策旨在为图书馆信息资源建设提供一定的标准和规范并给予其宏观指导，是公共图书馆质量建设的重要保证，同时为信息资源共建共享提供依据。

第十七条　公共图书馆信息资源建设委员会负责信息资源建设政策的制定与维护。信息资源建设政策制定应以图书馆的信息资源现状为依据，并结合图书馆的任务与读者的实际需求。

第十八条　公共图书馆信息资源建设政策应与图书馆战略规划保持一致，且应及时、定期更新，其内容应包括以下部分。

- 图书馆信息资源现状分析
- 图书馆信息资源建设规划
- 各类型资源具体的建设政策

  印刷型馆藏建设政策

  数字馆藏建设政策
- 图书馆信息资源管理政策
- 图书馆信息资源建设经费分配政策
- 图书馆信息资源典藏政策
- 图书馆信息资源的评估、维护政策
- 图书馆信息资源安全政策
- 图书馆信息资源共建共享政策

第十九条 公共图书馆信息资源建设政策制定是一个动态的过程，必须按照一定的程序进行。

一、成立信息资源建设政策制定工作小组

该小组由图书馆馆长、图书馆各业务部门的业务主管、资深馆员组成，而且要吸纳一定比例的读者和代表参加。

二、深入调查研究，收集相关信息

利用已得到的信息对信息资源建设活动进行分析、研究和预测。

三、拟定政策草案

政策草案应该用通俗而明白的语言阐述政策的内容,以供馆员和读者讨论。

四、征求修改意见

馆务会议应对政策文件草案进行讨论，并向馆员和读者公布，征求修改意见。

五、修改政策草案

根据馆员和读者意见对草案进行修改，并提请图书馆咨询委员会进行讨论，再次进行修改。

六、报批政策草案

向图书馆上级主管部门报告政策草案。

七、公布政策

将正式审核通过的信息资源建设政策以各种形式向全体馆员和读者公布，并向有馆际协作关系的图书馆通告。

八、定期修订政策

根据政策的规定，对政策定期进行修改。

第四章　公共图书馆信息资源采集

第二十条 为保证馆藏信息资源建设的完整性和系统性，各级公共图书馆应根据本馆的任务、经费、读者对象等认真制定本馆的信息资源采集规范。

第二十一条 公共图书馆应制定科学合理的信息资源采集方针，在采集过程中须坚持可靠性、完整性、实时性、易用性等原则，力求做到信息的价值性与用户的需求性相结合。

第二十二条　公共图书馆可选择适当、灵活的信息资源采集方法。应以购置为主，积极进行资源自建，积极推动呈缴本制度的建立和落实；也可适当采用交换、征集、调拨、索取、捐赠等其他采集方式。

第二十三条　公共图书馆应依据信息资源建设目标，确定资源采集的范围和重点，然后对各个信息部门的信息采集目标和任务做出分工，统筹协调，避免重复建设，建立长远的利益协调机制，保证信息资源协调采集和共享。

第二十四条　公共图书馆应按照《中华人民共和国政府采购法》《中华人民共和国招标投标法》等相关法律规定，通过招标采购的方式，将大宗信息资源采购业务承包给资源提供商或资源服务机构。

第五章　公共图书馆信息资源组织

第二十五条　公共图书馆应按照科学性、系统性、选择性与完备性、共享性、安全性等原则开展本馆信息资源组织活动。

第二十六条　公共图书馆应建立信息资源存储系统，提供检索工具，开发信息资源，开展以信息资源的利用为目的的信息资源组织活动。

第二十七条　公共图书馆对传统信息资源的组织应以《文献著录总则》和《普通图书著录规则》《连续出版物著录规则》《非书资料著录规则》《地图资料著录规则》《档案著录规则》《古籍著录规则》《检索期刊条目著录规则》《文后参考文献著录规则》等分则为著录标准。

第二十八条　公共图书馆应根据本馆的信息资源特点，选择具有组织和揭示价值的信息资源特征作为描述项目，主要包括题名和责任者项、版本项、文献特殊细节项、出版发行项、载体形态项、丛编项、附注项、标准编号及有关记录项、提要项等。

第二十九条　公共图书馆一般以检索系统的特点和需要、规定记录描述项目的详略程度，作为进行信息资源描述的依据。各公共图书馆可以根据其设备条件和使用的需要，采用适合的描述级别进行记录。

第三十条　公共图书馆应规定统一的描述项目的次序、描述的标识、描述项目的表达形式等，以便对信息资源描述格式进行规范处理，方便不同类型图书馆之间的信息资源共享。

第三十一条 公共图书馆应使用《中国机读目录格式》（简称 CNMARC）进行书目描述的编码，或根据自身需要选择合适的机读目录格式。

第三十二条 公共图书馆应统一使用《中国图书馆分类法》对传统信息资源进行标引，也可根据自身需要选择合适的信息组织的技术方法，标引深度应根据检索目的、馆藏数量、馆藏规模、典藏设备、馆藏布局等因素确定。

第三十三条 数字资源的描述，一般应按照公共图书馆的要求和相应规范进行操作，可采用 DC、RDA 等信息资源描述规范或《文本编码倡议》《政府信息定位服务》《联合地理数据委员会的数字地球空间元数据》《可视资源核心范畴》《编码档案描述》《博物馆信息的计算机交换》等相应领域的描述规范。

第三十四条 公共图书馆对各种数字信息资源的分类方法，一般应与传统信息资源的分类方法相一致，应按分类体系的特点将信息资源归入相应的类目之下。在以传统分类体系为标准的情况下，可以原有类目为基础，根据信息资源情况对类目进行少量调整。

第六章　馆藏资源布局和典藏工作

第三十五条 公共图书馆应以有效保存馆藏资源、提高馆藏利用率和用户服务水平、最大限度满足用户的信息需求、促进知识的有效管理和高效利用为目标，开展本馆馆藏资源布局与典藏工作。

第三十六条 公共图书馆在进行馆藏资源布局与典藏时，应遵循实事求是、系统性与协调性、连续性和前瞻性的原则。

第三十七条 公共图书馆选择馆藏资源布局模式时要充分考虑到本馆的建筑空间、资源数量和资源类型、工作人员数量和服务水平及服务对象的各种相关因素，做到馆藏布局能符合本馆的实际情况，符合本地的实际需要，符合用户的信息需求；要平衡各种资源之间的关系以发挥最大效用。

第三十八条 公共图书馆应按照一定的分类原则和分类体系进行布局。可根据图书、期刊或者报纸等不同类型的信息资源进行划分，应用相应的分类法进行信息资源描述和入库管理。

第三十九条　有条件的公共图书馆可根据服务水平和用户的信息需求，采用三线典藏制或藏、查、借、阅一体化的布局模式。鼓励有条件的公共图书馆采用信息共享空间（IC）的布局模式。

第四十条　公共图书馆应根据服务方式的变化，建立实用的排架系统，有利于读者便捷地选择使用藏书；有利于对藏书进行管理，便于馆员直接在书架上熟悉和研究馆藏资源，便于整理、清点、评估和剔除馆藏资源。

第四十一条　公共图书馆应根据不同读者群体的特点提供相应的阅览环境，应充分考虑特殊读者群体的需要设置相应的阅览环境并提供相应的阅览设施。应将少年儿童阅览区与成人阅览区分开，并设置单独的出入口，有条件的可设室外少年儿童活动场地。

第四十二条　公共图书馆应建立适用的书目查询系统，设立专门的读者查阅场所，配备基本服务设施，通过网站、宣传资料、专题展览等形式，向公众推荐特色馆藏资源。

第四十三条　各级公共图书馆应当设置政府信息查阅场所，并配备相应的设施、设备，为公民、法人或者其他组织获取政府信息提供便利，满足所有公民对政府信息的需求，科学组织和合理利用政府信息资源。

第四十四条　公共图书馆应根据对所在地区读者群及社会需要、文献内容及馆藏的了解，结合图书的内容、外形、书龄、使用情况，做出复选和剔除判断，从而缓解馆藏空间压力，提高馆藏文献质量，实现藏书的重新发现与重新利用，更加高效地服务用户。

第四十五条　各级公共图书馆对所收藏的古籍善本等珍贵文献应当按照国家有关规定，妥善保护与管理。公共图书馆要有严格可靠的防水、防火、防虫、防尘措施，书库、特藏书库和非书资料库、阅览室应设置必要的通风、温控、除湿设备，有条件的宜设空气调节和净化设施。

第七章　信息资源共建共享

第四十六条　公共图书馆在信息资源共建共享中既要注重结果也要注重过程，必须坚持完整性原则、系统性原则、标准化原则以及共建与共享相统一原则、权利与义务相统一原则、宏观调控与市场调节相统一原则；以自愿参与为主导，以政府支持为辅助，积极开展信息资源共建共享。此外，参与信息资源共建共享的各图书馆享有平等的责任、权利和义务。

第四十七条 公共图书馆应在政府行政管理部门的领导下，建立信息资源共建共享委员会，指导和促进各地区公共图书馆间以及公共图书馆与其他各类型图书馆的信息资源共建共享工作的开展。

第四十八条 公共图书馆应积极参与国家的各项信息资源共建共享工程，推动地区文化事业建设，促进图书馆自动化、网络化和数字化发展与信息化建设，确保信息资源城乡基层全覆盖，实现信息资源的共知、共建、共享。

第四十九条 公共图书馆可根据本馆的实际情况建立地区或区域内的书目信息中心和联合书目数据库，明确资源分布情况，促进信息资源共知共建，避免资源重复建设。

第五十条 公共图书馆可采取协调采购、分工购藏的方式，协调馆藏，优化资源配置，形成内部各具特色、外部一体化的资源保障体系。各公共图书馆还应统一建设标准，为信息资源的共享奠定基础。

第五十一条 公共图书馆应积极开展馆际互借、文献传递、参考咨询等业务工作，开发信息资源流通的新模式，建立完善的联机公共检索目录，以便对各成员馆的资源实行网上联机公共检索，保证信息资源的共建共享。

第五十二条 鼓励公共图书馆与本地区的高校图书馆、科研图书馆等其他系统图书馆开展广泛的合作，推动各种层次的公共图书馆联盟建设，大力推进信息资源的共建共享。鼓励公共图书馆与本地区其他文化系统（诸如文化馆、群艺馆、档案馆、美术馆）合作，建立地区性公共资源服务体系。

第五十三条 公共图书馆信息资源共建共享应遵守知识产权制度和《中华人民共和国著作权法》《中华人民共和国著作权法实施条例》等相关法律法规。

第八章　资源建设工作管理

第五十四条 公共图书馆应设立信息资源建设委员会，指导和具体负责信息资源建设工作。公共图书馆应建立健全信息资源建设管理制度，包括对工作人员管理的科学规定，对设备投入、使用和维护的科学规定，以及图书馆经费使用和管理的科学规定。

第五十五条　公共图书馆应设立专职信息资源建设部门，配备信息资源建设人员负责信息资源的采访、编目、组织、典藏、管理等工作。

第五十六条　公共图书馆应根据信息资源建设需要，配备数量适宜的工作人员以服务于信息资源建设。图书馆专门从事信息资源建设的馆员必须具有图书馆学（或图书情报专业）、信息资源管理、计算机管理与应用等相关学科专业背景或经过省级及以上学会（协会）、图书馆、大学院系举办的图书馆学专业（或图书情报专业）课程培训，必须具有本科或以上学历；必须具有中层或以上图书资料系列专业技术职称。

第五十七条　少数民族自治地区公共图书馆要配备熟悉少数民族语言文字的专业技术人员进行信息资源建设。外文图书馆或者公共图书馆的外文图书室还应配备专业的外文工作人员进行信息资源建设。

第五十八条　公共图书馆信息资源建设工作人员数量的确定，应以本馆信息资源的数量为依据，还应兼顾所属区域服务人数、馆舍规模、年度读者服务量等因素。

第五十九条　公共图书馆信息资源建设工作须实行岗位培训和继续教育制度。每年用于信息资源建设人员的教育培训经费预算和时间投入，应不低于《公共图书馆服务规范》中设立的标准。

第六十条　公共图书馆信息资源建设设备必须符合《公共图书馆建设标准》的有关规定，有条件的公共图书馆应采用先进的技术设备、管理系统用于信息资源建设的采访、编目、组织、典藏、管理等相关工作。

第六十一条　公共图书馆信息资源建设经费应专款专用，确保公共图书馆信息资源建设工作的正常开展。公共图书馆应积极争取企商赞助、社会捐赠等自筹资金的方式，创新信息资源建设资金来源，采取以财政保障为主，自营筹措为辅的方式。

第六十二条　根据信息资源建设政策发展和信息需求不同，各公共图书馆应合理制定本馆信息资源建设经费预算规划和经费使用方案。公共图书馆信息资源建设经费的使用必须符合本馆财务制度的有关规定。公共图书馆可成立专门的监督部门或者设立专任监督职位，监管审核信息资源建设经费的使用情况。

第六十三条 公共图书馆信息资源建设经费结构应包括信息资源的购买、自建、管理、使用、维护经费，不包括信息资源建设人员培训经费。

第六十四条 各公共图书馆必须按要求配合全国公共图书馆评估工作的开展，并根据评估结果及时地进行信息资源建设方面的整治建设。

第六十五条 各公共图书馆应制定本馆信息资源建设质量的评估体系，每年进行年终考核，撰写评估报告，每5年对资源建设质量进行周期性评估，促进信息资源建设工作的长效有序开展。

附录 名词术语解释

公共图书馆 是指向社会公众免费开放、收集、整理、保存文献信息并提供查询、借阅及相关服务，开展社会教育的公共文化设施。

信息资源建设 是指人类对处于无序状态的各种媒介信息进行选择、采集、组织和开发等活动，使之形成可资利用的信息资源体系的全过程。

信息资源采集 是指信息资源机构根据一定的目的，将各种信息资源采集来并供本机构或其他部门使用的过程。

信息资源共建共享 是一种建立在现代信息网络平台上的，通过行政手段或市场机制，由两个以上信息机构采取自愿参与、相互配合协调、互惠互利等原则，共同进行信息资源建设，共享信息资源的一个虚拟化组织形式，以最大限度地满足用户对信息的需求，最大限度地发挥信息资源的效用。

公共图书馆信息资源建设政策 在传统环境下，称为馆藏发展政策，就是公共图书馆为实现信息资源建设目标而制定的方针、原则、策略、措施、对策。

图书 有广义和狭义之分，广义的图书是指泛指各种类型的读物，既包括甲骨文、金石拓片、手抄卷轴，又包括当代出版的书刊、报纸，甚至包括声像资料、缩微胶片（卷）及机读目录等新技术产品；而在图书馆和情报所的实际工作中，人们又要把图书同期刊、报纸、科技报告、技术标准、视听资料、缩微制品等既相提并论，又有所区别。在前者与后者有所区别的时候，图书所包括的范围缩小，这是狭义的“图书”。

连续出版物　即具有统一题名、印有编号或年月顺序号、定期或不定期在无限期内连续出版、发行的出版物。包括期刊、报纸、年鉴、年刊、指南、学会报告丛刊和会刊、连续出版的专著丛书和会议录等，但不包括在一个预定有限期内以连续分册形式出版的著作。连续出版物的各期封面或刊头设计有相对的稳定性，各期由多篇文献汇集而成，内容具有原始性和新颖性，学术性较强。而且编辑单位较固定，使其能连续出版。由于连续出版物报道及时，出版连贯，数量、种类庞大，成为现代文献的一种主要类型。

特种文献　指出版发行和获取途径都比较特殊的科技文献。特种文献一般包括会议文献、科技报告、专利文献、学位论文、标准文献、科技档案、政府出版物七大类。特种文献特色鲜明、内容广泛、数量庞大、参考价值高。

会议文献　指在学术会议上宣读或交流的论文及其他资料。会议结束后，通常会将这些会议文献结集出版，如会议录、会议论文集、会议论文汇编等。

科技报告　即记录某一科研项目调查、实验、研究的成果或进展情况的报告，又称研究报告、报告文献。出现于20世纪初，第二次世界大战后迅速发展，成为科技文献中的一大门类。每份报告自成一册，通常载有主持单位、报告撰写者、密级、报告号、研究项目号和合同号等。按内容可分为报告书、论文、通报、札记、技术译文、备忘录、特种出版物。

专利文献　狭义的专利文献是指由专利部门出版的各种专利出版物，如专利说明书、权利要求书；广义的专利文献还包括说明书摘要、专利公报以及各种检索工具书、与专利有关的法律文件等。

学位论文　指高等学校或科研机构的本科生、研究生为获得学位，在导师指导下所撰写的学术论文，包括学士学位论文、硕士学位论文和博士学位论文。学位论文讨论的问题比较专深，一般都有一定的独创性，博士学位论文，多具有创建性的科研著述。

科技档案　即科学技术档案的简称，是在自然科学研究、生产技术、基本建设等活动中形成的应当归档保存的图纸、图表、文字材料、计算材料、证书、声像资料等科技文件材料。

政府出版物 即由政府机关负责编辑印制的，并通过各种渠道发送或出售的文字、图片以及磁带、软件等。是政府用以发布政令和体现其思想、意志、行为的物质载体，同时也是政府的思想、意志、行为产生社会效应的主要传播媒介。大致可分为两类：一类是行政性文件，包括会议记录、司法资料、条约、决议、规章制度以及调查统计资料等。另一类是科技性文献，包括研究报告、科普资料、技术政策文件等。政府出版物数量巨大，内容广泛，出版迅速，资料可靠，是重要的信息源。政府出版物在出版前后，往往用其他形式发表，内容有时与其他类型的文献（如科技报告）有所重复。政府出版物一般有专门的工具书进行检索。

数字资源 即将计算机技术、通信技术及多媒体技术相互融合而形成的以数字形式发布、存取、利用的信息资源总和。商业化的数据库、机构或个人建立的数据库、各种网络免费资源等都属于数字资源。

电子出版物 是指以数字代码方式，将有知识性、思想性内容的信息编辑加工后存储在固定物理形态的磁、光、电等介质上，通过电子阅读、显示、播放设备读取使用的大众传播媒体，包括只读光盘（CD-ROM、DVD-ROM等）、一次写入光盘（CD-R、DVD-R 等）、可擦写光盘（CD-RW、DVD-RW等）、软磁盘、硬磁盘、集成电路卡等，以及新闻出版总署认定的其他媒体形态。

数据库 是存储在一起的相关数据的集合，这些数据是结构化的，无有害的或不必要的冗余，并为多种应用服务；数据的存储独立于使用它的程序；对数据库插入新数据，修改和检索原有数据均能按一种公用的和可控制的方式进行。当某个系统中存在结构上完全分开的若干个数据库时，则该系统包含一个“数据库集合”。

呈缴本制度 是指一个国家或地区为完整地收集和保存全部出版物，用法律或法令形式规定所有出版机构或负有出版责任的单位，凡出版一种出版物，必须向指定的图书馆或出版主管机关免费缴送一定数量的样本的一种制度。

业务外包 也称资源外包、资源外置，它是指机构整合用其外部最优秀的专业化资源，从而达到降低成本、提高效率、充分发挥自身核心竞争力和增强机构对环境的迅速应变能力的一种管理模式。机构为了获得比单纯利用内部资源更多的竞争优势，将其非核心业务交由合作机构完成。

特色馆藏　是指各图书馆经过长期建设积累，在某一方面形成一定规模和独特风格的结构比较完整的文献资源优势。

交换　是指信息资源机构用自己采集的信息资料同其他相关部门之间直接展开交换，或通过协调机构间接开展交换，以达到互通有无、调剂剂余缺的目的。

赠送　是指社会团体或个人向信息资源机构赠送一定数量的文献或信息设备，以支持社会文化、教育事业的发展和交流图书、产品信息。

征集　主要是对非正式出版单位出版的内部书刊资料，采取主动发函或上门访求的方法，有针对性地进行征集。也可采取在报纸上刊登广告或征书启事的办法征集有关书刊。

索取　是信息资源机构直接用通讯联系或派人上门去取回自己所需文献信息的一种方法。

地方文献　广义的理解是地方出版物、地方人士著述、地方史料；狭义的理解是地方史料，即内容上具有地方特征的区域性文献。

信息资源管理　在不同的社会经济发展阶段和技术条件下，人类对信息资源管理概念认识的侧重点是不同的。早期人们侧重于信息资源的收集与管理，随着经济的发展和技术进步，人们希望提高信息处理和传递效率、对信息流进行控制。当代，人们从信息利用的角度出发，通过多种方式，对人类信息过程实施综合性管理，对信息进行优化配置，以求达到最大效益。

信息资源的组织　即信息组织，是利用一定科学规则和方法，通过对信息外在特征和内容特征的描述和序化，实现无序信息流向有序信息流的转换，从而保证用户对信息的有效获取和利用及信息的有效流通和组合。

《文献著录总则》　是由中国国家质量监督检验检疫总局、国家标准化委员会发布的用于规范信息描述项目的准则。其作用是根据各种类型文献的共同特点统一规定文献著录原则、著录内容、格式和标记符号等事项、规范和统一各种类型文献著录标准的制订，以便建立统一的文献著录体系，包括《普通图书著录规则》《连续出版物著录规则》《非书资料著录规则》《地图资料著录规则》《档案著录规则》《古籍著录规则》《检索期刊条目著录规则》《文后参考文献著录规则》等分则。各个分则根据某一类型文献的特点，制定该类型文献著录的原则、内容、格式等的规则。

信息资源描述格式 是指描述记录各个描述项目的记录次序和表述方式。

《中国机读目录格式》 通常称为CNMARC，它是由国家书目机构编制的，由中华人民共和国于1996年发布的文化行业标准。主要用于我国国内图书情报部门和其他国家书目机构间的书目信息交换。规定了规范款目、参照款目和说明款目记录的标识号、指示符和子字段标识符，以及记载在各种机读载体上的这三种款目记录内容的逻辑结构和物理结构。

UNIMARC 是“国际机读目录通信格式”的简称，它是由国际图书馆协会联合会（IFLA）制定的一种供国际交换用的机读目录数据交换格式。

USMARC 是美国国会图书馆的机读目录通信格式。

《中国图书馆分类法》（原称《中国图书馆图书分类法》） 是中华人民共和国成立后编制出版的一部具有代表性的大型综合性分类法，是当今国内图书馆使用最广泛的分类法体系，简称《中图法》，由我国图书馆图书分类法编辑委员会编。包括“马列主义、毛泽东思想，哲学，社会科学，自然科学，综合性图书五大部类，和A马克思主义、列宁主义、毛泽东思想、邓小平理论B哲学、宗教C社会科学总论D政治、法律E军事F经济G文化、科学、教育、体育H语言、文字I文学J艺术K历史、地理N自然科学总论O数理科学和化学P天文学、地球科学Q生物科学R医药、卫生S农业科学T工业技术U交通运输V航空、航天X环境科学、劳动保护科学（安全科学）Z综合性图书”22个基本大类。

标引 标是标记，引是指引，就是通过标记指引人们方便、快捷地找到所需要的信息。标引是指通过对文献的分析，选用确切的检索标识（类号、标题词、叙词、关键词、人名、地名等），用以反映该文献的内容的过程。主要指选用检索语言词或自然语言词反映文献主题内容，并以之作为检索标识的过程。

网络信息资源 是指通过计算机网络可以利用的各种信息资源的总和。具体地说是指所有以电子数据形式把文字、图像、声音、动画等多种形式的信息存储在光、磁等非纸介质的载体中，并通过网络通信、计算机或终端等方式再现出来的资源。

《都柏林核心元素集》通常也被称为都柏林核心，是为描述网络资源、支持网络检索而建立的元数据模式。它包含 15 个元素：标题（title）、创建者（creator）、主题（subject）、描述（description）、发行者（publisher）、资助者（contributor）、日期（date）、类型（type）、格式（format）、标识符（identifier）、来源（source）、语言（language）、关系（relation）、范围（coverage）、权限（rights）

《文本编码倡议》即 Text Encoded Initiative，简称 TEI。

《政府信息定位服务》即 Government Information Locator Service，简称 GILS。

《联合地理数据委员会的数字地球空间元数据》即 Content Standard Digital Geospatial Metadata，简称 CSDGM。

《可视资源核心范畴》即 Core Categories for Visual Resources，简称 CCVR。

《编码档案描述》即 Encoded Archival Description，简称 EAD。

《博物馆信息的计算机交换》即 Computer Interchange of Museum Information，简称 CIMI。

馆藏信息资源布局　是指把图书馆等信息机构的馆藏信息资源（包括物理馆藏与虚拟馆藏）按照学科性质、用户群体、功能用途、载体形式、文献类型、服务方式、利用效率等特征，划分为若干部分，建立各种功能的空间结构（书库或利用场所），把每一部分馆藏信息资源安排到最适当的存放位置或利用场所，以便保存与利用馆藏信息资源，满足用户的各种信息需求。

藏、查、借、阅一体化　是一种全开架的馆藏布局模式，它充分利用现代信息技术，采用“统仓管理的方法”——即大开间、少间隔的建筑布局，整个图书馆只设一个进出口，除特藏文献和现刊外，其他文献不单独设立阅览室，文献资料尽量按学科、知识门类组织集中起来；在书库内设有足够多的检索终端和阅览桌椅，读者可以在图书馆内随意浏览、任意检索、自由取书、随时阅览；努力营造以阅为主、其他为辅，“人在书中，书在人中”的综合功能空间。

三线典藏制 根据美国图书馆学专家特鲁斯韦尔（R. W. Truesovel）提出的馆藏利用的二八率（图书馆的全部馆藏信息资源中，大约有 20%是常用的，能够满足读者 80%的需求，其余的 80%的资源仅能满足读者 20%的需求），图书馆按照馆藏资源的新旧程度及利用率的高低，结合服务方式方法，将全部馆藏资源划分为利用率最高的、利用率比较高的、利用率较低的三部分，依次组成一、二、三线书库。这种馆藏资源布局模式称为三线典藏制。

展开式水平布局 即图书馆的书库、阅览室、工作人员办公区三个主要部分建筑共处于一个水平面上，这种布局就称为展开式水平布局。这种布局比较灵活，便于用户接近馆藏信息资源，提高馆藏信息资源的利用效率。其缺点是占据较大的空间范围，限制了馆藏信息资源的自动化传递；而且，为了使得在同一平面上的任何地方都能摆放沉重的书架，不得不提高图书馆等信息机构建筑的造价，在经济上不太合算。这种布局主要适用于直接面向用户的开架流通书库。

高层式垂直布局 使得塔式书库与图书馆的其他建筑分开，通过专门的通道或运输线路，把被阅览室环绕的书库与其他部门连接起来，又或者把与阅览室连接的书库与其他部门连接起来。馆藏信息资源的高层式垂直布局的优点在于：第一，使馆藏信息资源在最小的空间范围内得到了最大的集中；第二，塔式书库与图书馆的其他建筑的分开，有效保持了馆藏信息资源的安全状态，使馆藏信息资源接近阅览室。

立体交叉式混合布局 就是把水平布局与垂直布局两种方法结合起来，取其长去其短，发挥了长处，摒弃了短处；其实质是区分馆藏信息资源，不同的馆藏信息资源采用不同的布局方法，把常用馆藏信息资源尽可能放在与阅览室处于同一水平面上的书库，使用户能够直接利用这部分馆藏信息资源；把呆滞的罕用书放在与阅览室不在同一水平面的垂直位置上，形成立体交叉的混合布局。

复选和剔除 信息资源建设体系的形成是一个动态的发展过程，在这个动态的发展过程中，既要不断地补充新的馆藏信息资源，又要不断地剔除已经失去了使用价值的馆藏信息资源，这样才能不断净化和完善馆藏体系。对已经失去了使用价值的馆藏信息资源的剔除，要在对馆藏文献的再次选择后进行，这种再次选择，称为馆藏信息资源“复选”。而信息资源的“剔除”，从图书馆角度来讲是根据一定的原则和标准，经常性地将那些实属陈旧、失去使用价值和多余的复本资源，从书库中剔除出去。馆藏信息资源复选与剔除是密切相关的，二者必须有机地结合起来进行。

联合书目数据库　即揭示与报道多个文献收藏单位所藏文献的目录。按地域范围可分为国际性的、国家性的和地区性的联合目录，按文献类型可分为图书联合目录、期刊联合目录等，按收录文献的内容范围可分为综合性的、专科性的联合目录。联合目录能扩大读者检索和利用文献的范围，也便于图书馆藏书协调、馆际互借和实现图书馆资源共享。

中国较早的联合目录是《北平各图书馆所藏中文期刊联合目录》(1929年)。中华人民共和国建立以后，1957 年 11 月成立的全国图书联合目录编辑组编制了 300 多种全国性和地区性的书刊联合目录。1980 年全国联合目录工作协调委员会成立，并制订了《建立全国联合目录报导体系的初步方案》《1980~1985 年全国联合目录选题规划(草案)》。中国 20 世纪 80 年代开始采用计算机编制联合目录。

馆际互借　即基于馆际资源共享而提供的一种服务方式，就是对于本馆没有的文献，在本馆读者需要时，根据馆际互借制度、协议、办法和收费标准，向外馆借入；反之，在外馆向本馆提出馆际互借请求时，借出本馆所拥有的文献，满足外馆的文献需求。适用于返还式文献和复制–非返还式文献。当然对于复制–非返还式文献也可以通过文献传递方式获取。

由于馆舍和经费的限制，任何一个图书馆都无法完全满足读者对文献的需求，通过图书馆之间的互借机制，就可以圆满地解决这一问题。读者只需到所在图书馆办理相应的互借手续即可。

文献传递　即文献传递是将用户所需的文献复制品以有效的方式和合理的费用，直接或间接传递给用户的一种非返还式的文献提供服务，它具有快速、高效、简便的特点。现代意义的文献传递是在信息技术的支撑下从馆际互借发展而来，但又优于馆际互借的一种服务。通过开展文献传递服务，不仅缓解了图书馆经费、资源不足与读者日益增长的文献需求之间的矛盾，也对教学科研起到了很好的支撑作用。

参考咨询 即图书馆员对读者在利用文献和寻求知识、情报方面提供帮助的活动。它以协助检索、解答咨询和专题文献报道等方式向读者提供事实、数据和文献线索。有些国家的图书馆参考咨询服务甚至还包括解答读者生活问题的咨询。参考咨询是发挥图书馆情报职能、开发文献资源、提高文献利用率的重要手段。许多图书馆设有专门的参考咨询部门，集中参考工具书和检索工具书等建立参考馆藏，配备具有一定专业知识和熟悉检索工具的专职参考馆员开展此项工作。

参考咨询工作的实质是以文献为根据，通过个别解答的方式，有针对性地向读者提供具体的文献、文献知识和文献途径的一项服务工作。它具有服务性、针对性、多样性、实用性、智力性、社会性的特点。

目录 即著录一批相关的文献，并按照一定的次序编排而成的一种揭示与报道文献的工具。一般以种、件、册为单位，主要记述外部特征，如题名、著者、出版事项及稽核。

联机公共检索目录 简称 OPAC，指以计算机编码形式存贮在计算机系统内，供读者通过终端设备进行检索的图书馆设备。根据图书的特性，网上书目的查找也有着不同的方式。其中最普及的查找方式有：书名检索、作者检索、ISBN 检索、年份检索、出版社检索。还有一些不常用，但十分重要的检索方法：分类法检索、导出词检索、丛书检索、套书检索等，这些项目都可以在 OPAC 数据库里进行检索。主要包括两种方式：馆藏目录，即反映一个图书馆文献收藏情况的目录。联合目录，即反映一个地区或一个系统甚至全国或世界范围的图书馆、信息服务机构文献收藏情况的一种统一目录。

《公共图书馆服务规范》 由文化部提出，全国图书馆标准化技术委员会归口，上海图书馆作为牵头起草单位，联合浙江图书馆、长春市图书馆共同起草完成。该标准规定了图书馆服务资源、服务效能、服务宣传、服务监督与反馈等内容，适用于县（市）级以上公共图书馆，街道、乡镇级公共图书馆以及社区、乡村和社会力量办的各类公共图书馆基层服务点可参照执行。国家标准编号为 GB/T28220—2011。

《公共图书馆建设标准》 确定了公共图书馆建设项目的规模分级和项目构成，给出了公共图书馆的总建筑面积和分项面积控制指标，提出了公共图书馆建设选址、总体布局的原则要求，明确了公共图书馆建设项目实施过程中的基本要求。《公共图书馆建设标准》是公共图书馆建设项目科学决策和合理确定项目建设、投资水平的全国性统一标准；是编制、评估和审批公共图书馆建设项目建议书及可行性研究报告的依据；是有关部门审查公共图书馆建设项目初步设计和检查工程建设全过程的尺度。标准的直接使用者，是各级政府的决策部门和检查监督部门。